会社ではネガティブな人を活かしなさい

omohara Akinori

a pilot of wisdom

はじめに

「企業は従業員が幸せになるように取り組むべきだ。なぜなら、従業員が幸せになれば企業にも恩恵があるからだ」

このようなフレーズがビジネス界で提唱されるようになったのは、二〇一〇年代前半のことだ。老舗《しにせ》ビジネス誌「ハーバード・ビジネス・レビュー」（二〇一二年一月）の「The Value of Happiness」（日本語版は「幸福の戦略」）によって大々的に特集されたことがきっかけだ。

私自身、こうした考えかたを初めて聞いたときには面白いと思った。

一日のうち勤労が占める時間の割合は大きい。だからこそ、組織も個人も双方幸せな働きかたができるのであれば理想的だ。現代人は通信技術の発達によって仕事とプライベートの垣根がなくなった。あらゆるものが効率化されたにもかかわらず、いつもスマホを片手に仕事に追われている。技術の発展によって心が豊かになったり、余暇を楽しむ時間が増えたりすることもなく、むしろ不幸せを感じていると言える。そのような時代だからこそ、金銭的な報酬などの要素ではなく幸せに焦点を当て、私たちの働きかたを考えることは重要である。

しかし、すぐに「従業員の幸せ＝組織の幸せ」という図式に疑問を感じ始めた。たしかに、個人にとって幸せはいいことだが、私たちが幸せを目指すのは組織の業績を伸ばすためではない。このため、個人の幸せを組織への恩恵に結びつけて、シャカリキにウィン（個人）・ウィン（組織）を目指すことをしなくてもよいのではないか。

また、近年ではトキシック・ポジティビティ（有害なポジティブさ）という言葉も聞かれるようになった。これは、過剰なポジティブさによって自分自身や他人のネガティブな感情を抑圧してしまい、心身に悪影響を及ぼすという考え方だ。コロナ禍において不安感を抱く人が、それを表に出せずにポジティブでいようと無理をしてしまい、結果的にメンタルに不調をきたすことがトキシック・ポジティビティの例として挙げられ、過剰なポジティブさの弊害も表面化してきている。

本書のテーマは「個人の幸せが、本当に組織のメリットになるのか?」である。近年の幸福研究における成果を参照しながら、「幸せな組織」の有効性を科学的に検証する。

幸福研究とは聞き慣れないかもしれないが、文字どおり幸福について研究する学問で、行動経済学や心理学、神経科学など、いろいろな視点から考察されている学際的な分野だ。ここ数十年で急速に発展した分野であり、日本では幸福学という呼びかたが定着し始めた。

私は大学で幸福の経済学を教えている。その講義では、①「個人」、②「組織」、③「国家」という三部構成をとる。個人が組織を構成するといった具合に、ミクロからマクロへと順に話を進めていくのである。本書は、②「組織」での議論を中心に、幸福研究の論文をまとめた講義資料を基にして執筆をした。

そこから導き出されるのは「組織の視点で考えると、幸せなことやポジティブであることは、必ずしもいいことだとは限らない」という研究結果だ。

もちろん、個人にとって幸せであることはいいことであるし、本書ではむしろ個人の幸せを推奨している。しかしながら「組織や仕事に幸せを感じれば業績が上がる」とは限らないのである。実はこうした視点は、個人の幸せに焦点を当てている通常の幸福学の書ではあまり語られてこなかった。組織における幸福について分析を行っている点が本書の特徴だ。

ちなみに、本書で「幸せ」と言った場合には、大まかに、ポジティブな感情・気分、人生や仕事の満足度が高い状態やマインドフルネスの状態を意味し、「不幸せ」の場合には、ネガティブな感情・気分を意味する（本文では、その都度定義する）。

組織において幸せやポジティブさが必ずしも有効とは限らないとしたら、組織作りにかかわる人やリーダーは、従業員の幸せをどう考えていけばいいのか。その疑問に答えるべく、第一章から第三章では、「幸せな従業員が業績を上げる」という言説の検証に加え、ネガティブな従業員が組織にもたらす恩恵を分析。さらには、最近重要性が唱えられている「マインドフルネス」の効果を、研究を基に考えていく。この三章を読めば、従業員を幸せにすればすべてがうまくいくというわけではないことがおわかりいただけるだろう。

また第四章では、これからの組織の在りかたを念頭に、テレワーク（在宅勤務）やeリーダーシップ（e-leadership：オンライン上のリーダー論）についてページを割いている。ここでは、テレワーク時代の理想の働きかたやリーダーの在りかた、そしてオンライン上での感情表現の重要性について見ていく。

同章はもともとワーク・ライフ・バランスを考えるうえでのヒントとして執筆をしてきた部分であるのだが、執筆中に新型コロナウイルス感染症が流行し、予期せずして多くの人々がテレワークをしている状況が生まれた。二〇二〇年以降のコロナ禍の働きかたを考えるうえで、テレワークやeリーダーシップに関連する研究の知見はその重要性が増していると言えるだろう。

本書では具体的なエビデンス（科学的な根拠）に基づいた議論を参照するため、学術研究にも触れているが、あまり堅苦しく考えず読んでほしい。

組織運営や労務管理の改善に取り組む管理職から、所属している会社の働きかたに違和感があるビジネスパーソンまで、あるいは、指導法やクラスのモチベーション維持に悩む教師・指導者からチームやサークルの運営方針に迷う学生まで、この本の内容は活《い》かすことができる。ぜひ、ご自身の立場や状況に合わせて、効果的な組織運営やこれからの働きかた、生きかたを考える参考にしていただければ幸いである。

目次

はじめに——3

第一章　幸せ（ポジティブ）な従業員は業績を上げるのか——14

幸福の労働誘因／幸せになると生産性が上がる？／幸せな従業員が販売数を伸ばす理由／仕事の満足度と生産性の関係／企業価値を上げるには／ワーク・ライフ・バランスと転職の関係／幸せな先生の教育効果／自己犠牲で人生の満足度が低下／幸せな従業員ばかりでも業績は変わらない

第二章　不幸せ（ネガティブ）な従業員こそ重要だ——50

ネガティブであることの恩恵／ネガティブな気分が創造性を向上させる／怒りが交渉を有利にする／怒りを有効に使うには／怒りに転じる交渉術／印象の悪い感情変化とは／怒ると一時的に創造的になる／悲しいほうが協調的になる／不安な人はここ一番で協調的／

怒りでアスリートのパフォーマンスが向上／怒りは効果的に情報を伝達する／制御焦点理論：促進焦点と予防焦点／心配性が有利な金融業／ネガティブな感情は悪いものではない

第三章　マインドフルな従業員

マインドフルネスは自己啓発だけではない／マインドフルネスとは「価値判断をしない」こと／いろいろなマインドフルネスの訓練法／マルチタスクの弊害と集中瞑想の効果／業務上のストレスの軽減／情熱や熱意では業績は上がらない？／マインドフルネスで仕事の満足度が上昇／ストレスからすばやく回復する／燃え尽き症候群が改善？／ヨガとマインドフルネスで医療費を削減／マインドフルなリーダーがもたらす影響／個人のマインドフルネスが組織のためになる

―――――103

第四章　テレワーク時代の幸福な働きかた――――148
テレワーク時代の組織論／在宅勤務はウィン（企業）・ウィン（従業員）か／在宅勤務で業績アップ／在宅勤務の向き・不向き／キャリア形成への悪影響／コロナと在宅勤務／ウェルビーイングの効用とはなにか／従業員を幸せにしようとしても意味がない？／テレワーク時代に成果を出す上司とは／上司と部下の相性／上司は部下にどのように接すればいいのか／上司に求められる態度は作業内容で変わる／なぜ上司の感情が部下のパフォーマンスを左右するのか／認識的動機によって変わる「いいリーダー」／状況に応じた感情表現／テレワーク時代に必要な組織とリーダーとは

第五章　幸福研究に基づいた幸せな働きかたのヒント――――197
効果的な労務管理ガイド／企業は「幸せ」を押しつけないほうがよい／

瞑想で集中力が向上／マインドフルになることでストレスが軽減／
「怒り」をコントロールして交渉力を改善／
ネガティブな人が創造性を発揮しやすい環境に／
ネガティブ社員がピンチを救う／働きやすい環境はどのように作られるのか／
リーダーは「ポジティブな人」である必要はない／
「小グループ化」で効果的な組織運営／熱血指導は満足度が低下する／
感情のステレオタイプに囚われない働きかた

おわりに 226

引用文献 232

図版作成／MOTHER

第一章　幸せ（ポジティブ）な従業員は業績を上げるのか

幸福の労働誘因

まず、労働誘因について、経済学におけるこれまでの議論を概観することから始めよう。従業員に一生懸命に働いてもらうにはどうしたらよいかという労働誘因の問題は、経済学において長い間議論されてきた論点の一つだ。労務管理をうまく行えば、生産性や利益率、株主の収益などが改善する。

こうした議論において、かなり影響力のある経済理論に効率賃金仮説がある。一九七〇～八〇年代の理論で、市場の相場よりも賃金を高くすれば、よく働いてくれると考える。仕事を頑張ってもらうには、金銭的要因（お金を積むこと）が大事なわけだ。たとえば、ある牛丼屋がアルバイトを雇う場合を想定しよう。もし、ライバル店である天丼屋のアルバイトの時給が一〇〇〇円だとしたら、牛丼屋は少し高めの一二〇〇円を支払う。そうして従業員の意欲を上げ、よりよく働かせることでライバル店に差をつける、という理論だ。

ただ、多くのお金をもらうと従業員がよく働くようになる理由にもいくつかの分派があり、そのメカニズムは違っている。

スティグリッツ（二〇〇一年ノーベル経済学賞を受賞）とシャピロが提唱した怠業モデルでは、クビになるリスクを避けるために、従業員は一生懸命に働く。さぼったことが見つかってクビになると、次は現在よりも低い賃金で働かなければならなくなる可能性が高いからだ。たとえば、時給一二〇〇円の牛丼屋をクビになって、天丼屋でアルバイトすることになるとしよう。市場の相場に基づいて時給一〇〇〇円を支払う天丼屋では、賃金が下がってしまう。このため、相場より高い時給によって（ある意味）脅されている従業員は、さぼらないようになるわけだ。

一方、アカロフ（同じく二〇〇一年ノーベル経済学賞を受賞）が提唱する贈与交換モデルでは、こうした脅しは使わない。むしろ、従業員は経営陣への感謝として、一生懸命に働く。

従業員たちは、市場の相場である時給一〇〇〇円よりも高い賃金である時給一二〇〇円をくれる経営陣の寛大さに報いようとするのだ。勤労は、お金をくれたことに対する、従業員による心意気の表れとなっている。

このように、そのメカニズムに違いがあるものの、いずれのモデルでも、金銭的要因が重視されていたのがわかる。報酬という物質的な見返りが中心の議論だったのだ。

これに対し、近年（一九九〇年代以降）の研究では、相互性が注目されるようになった。相互性とは、物質的な見返りが期待できなくても、好意（または敵意）に従業員が反応することである。たとえば、上司が親切であれば、賃金が上がらなくてもよく働くというような場合だ。従来のアプローチとは違い、非金銭的な要因（平たく言えば感情）に焦点を当てた分析が進んでいるわけだ。

非金銭的な要因を検討するときには、従来のように物質的な要素ではなく、心理学的な要素が取り入れられていることがわかる。経済学における心理学的な要素は、近年の行動経済学の隆起とともにますます注目を浴びてきている。

そうした非金銭的な要因の一つが、本書のテーマでもある幸福だ。幸福の経済学という新しい分野も確立されつつあり、お金で幸せになれるかや、国家間の幸福度比較などは、メディアをにぎわすトピックスとなっている。ただ、個人の幸せや国家の幸福度の議論に比べると、組織の幸福度に関する議論はまだ始まったばかりという印象がある。

幸せと一口に言っても、漠然としていて人によって感じかたはさまざまだ。幸福研究で考察される幸せは、「主観的なウェルビーイング」(Subjective well-being)と呼ばれる。ウェルビーイングとは聞き慣れない言葉だろう。「いい(well)と判断される状態(being)」であるウェルビーイングは、幸福や健康と訳されることが多いが、いろいろな要素を含む包括的な幸せの概念だ。このため、研究者によって多少ニュアンスが異なることもある。ただざっくりと言えば、本人が思っている幸せを分析の対象としている。

この「主観的なウェルビーイング」は、通常三つの観点から測定される。第一は、「私たち自身がどのように感じるか」という感情による測定。楽しさや喜びのようなポジティブな感情だけでなく、ストレスや心配のようなネガティブな感情でも測られる。

第二に、「人生や生活をどのように考えるか」という評価による測定。「仕事や人生全般について満足しているか」という質問のように、評価的に測られる。人生の満足度や仕事の満足度調査などがこれに相当する。

第三に、「ユーダイモニア」、つまり「人生の意義」でも測られる。これは快楽とは異なる、自己実現から得られる幸せのことである。たとえば、難民の救済など、道徳的に善い行いに一生を捧《ささ》げることで、意義のある人生と感じることは「幸せ」と判断される。

本書で紹介する幸福研究も、これら三つのいずれかの観点から幸せを定義している。

まず本章では、従業員の幸せが組織に与える影響を見ていく。個別のミクロ（個人）の視点でいいとされることが、集計したマクロ（組織）の視点でもいいことなのかを考えるわけだ。

このことは、わざわざ研究しなくても当たり前だと思われるかもしれない。しかし、もし個人の幸福が組織にとってもメリットになるのであれば、どうしてこれまで組織は従業員を幸せにする取り組みに積極的でなかったのだろう。「従業員の幸せは組織にとってもメリット（ウィン・ウィン）だ」という言説が最近活発に取り上げられるようになったのは、これまで従業員を幸せにする取り組みに積極的でなかったということだ。

本章では、幸せな従業員が組織に与える影響についての研究を概観しながら、その理由を明らかにする。実は、従業員のウェルビーイングとパフォーマンスの関係は、長く研究されてきた。たとえば仕事の満足度と、仕事のパフォーマンスとの間には緩やかな相関が見られることが知られている（本章の後半で取り上げる）。ただ、仕事の満足度から議論するのは、少し古いアプローチだ。近年の幸福研究における興味の対象は、より広範な従業員の心理状態やその変化であり、次節で取り上げる幸せ（ウェルビーイング）もその一つだ。個人内における幸福度の変化に注目した最近の研究は、従来の仕事の満足度をめぐる議論とは、必ずしも同じでないことに注意が必要だ。

幸せになると生産性が上がる？

従業員の幸せをモットーとして掲げる企業がある。従業員が幸せであることは、企業にとってもいいことなのであろうか。幸せで浮かれているようでは、きちんと働かないのではないかと思う人もいるだろう。

ウォーリック大学経済学部教授のアンドリュー・オズワルドらの研究によると、その心配は杞憂《きゆう》らしい。幸せは、人をより生産的にする。彼らの実験によると、幸せな人は、そうでない人より、約一二%生産性が高かった。また、不幸に見舞われて幸福度が低い人は、生産性が低い傾向があった。幸せで活力がみなぎっているほうが、よく働くからと考えられている。落ち込んでいるときにはなにもしたくなくなることを考えると、納得のいく結果だ。

実は、この研究成果はラボ（実験室）における実験で得られたものだ。イギリスのエリート大学に通う男女計七一三名が対象で、彼らの幸福度は、一（ものすごく悲しい）から七（ものすごく幸せ）までの数字で評価されている。

無作為に二つのグループにわけられた参加者は、一〇分ほどのコメディー動画を見るか（介入群）、気分に影響を与えない落ち着いた動画を見るか、なんの動画も見ない（対照群）。コメディー動画を見たら楽しくなり、幸福度が改善し、一方、落ち着いた動画を見るか、なにも見ない場合には、幸福度は変わらないという想定だ。幸福度が違うこの二つのグループを比較することで、生産性の違いを見ようというわけである。

幸福度を測るアンケートは、動画を見る前と後で行われる。前後を比べることで、幸福度に変化があったかを確認するためだ。そして、一〇分間で計算問題（二桁の足し算）を

幸福度と生産性

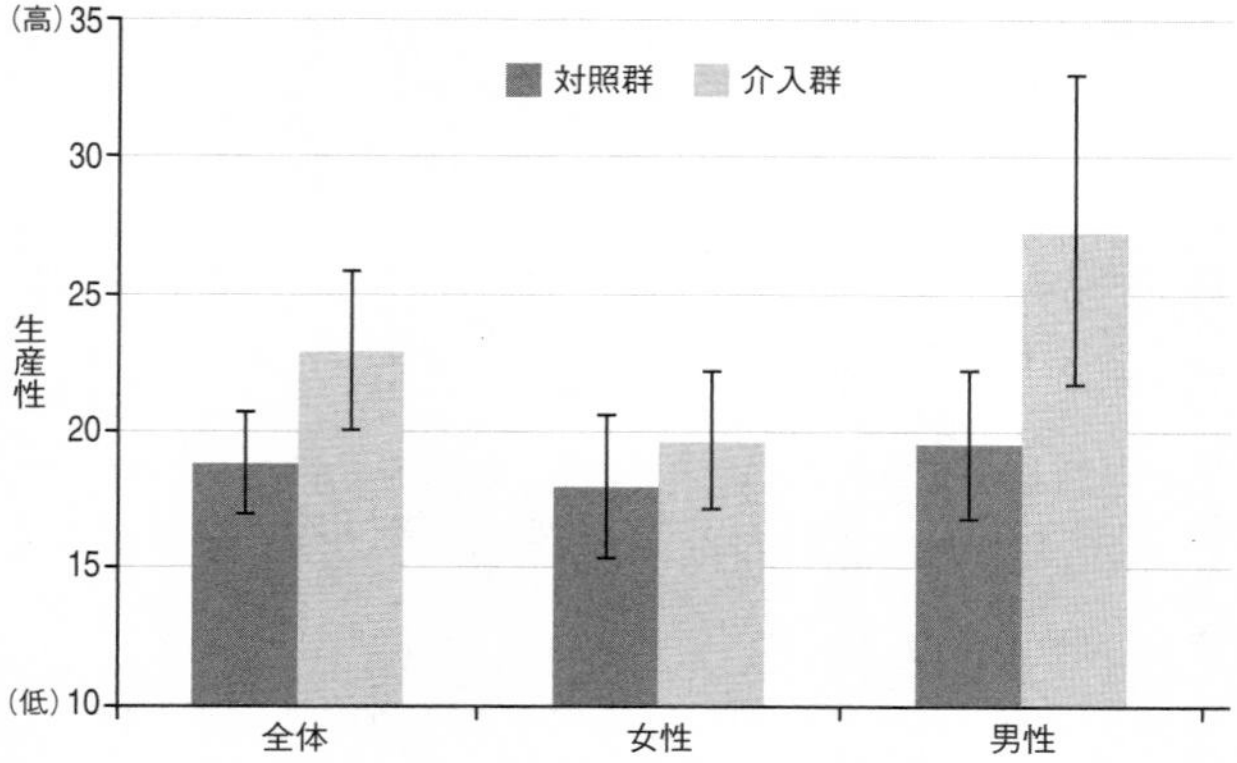

Oswald, Proto, and Sgroi（2015）Fig.A2.より。縦軸は、計算問題の正解数で見た生産性。横軸はグループ。対照群よりも、コメディー動画を見た介入群のほうが、生産性が高いのがわかる。

解いてもらい、その正解数で生産性を比較する。実験参加者がさぼらないで一生懸命計算するように、正解数に応じて賞金が支払われる工夫がなされている。

すると、実験前には二つのグループの実験参加者たちの生産性は変わらないのに、コメディー動画を見た人たちの生産性は、そうでない人たちのものより高くなった。それだけではない。コメディー動画を見ても幸福度に変化がない人たちは、コメディー動画を見なかった人たちと生産性が変わらなかった。つまり、コメディー動画を見るだけではダメで、それにより幸福度が増幅されたことで、生産性が改善したと考えられる。

コメディー動画を見る代わりに、お菓子や飲み物でいい気分になってもらった場合の効果も実験している（もちろん対照群にはなにも提供されない）。すると、飲食して幸せに感じた人たちのほうが、生産性が高かった。

ちなみに、このおやつを使った実験は実務を意識している。実際の職場では、従業員に毎朝コメディー動画を視聴させることは難しい。しかし、ちょっとしたお菓子や飲み物の提供は可能だ。それで、従業員の生産性が向上するのであれば、企業にとってはしめたものである。

その一方で、身近な家族や親族との死別、身近な家族の生命にかかわる重篤な病気や両親の離婚といった不幸な出来事が与える影響も考察している。その結果は予想どおりで、直近で家族に悲劇を経験した人ほど、計算問題で測った生産性が低かった。また、悲劇からかなり時間がたつと、その影響が小さくなる。これは悲劇のショックから回復するためだと考えられている。

ならば、企業は従業員を幸せにすればよいのかというと、そう単純な話でもない。この研究の解釈にはいくつかの注意点がある。まず、効果の妥当性は特定の業種に限られる。生産性の指標となっている計算能力は、すべての業種で必須の能力ではない。こうした情報処理のような能力は、ホワイトカラー業務の遂行と関係があると考えられるが、ブルーカラー業務の場合には、必ずしも生産性の適切な代理変数ではないだろう。

また、ここでの幸せとは、お菓子を食べたときに生じる一時的な気分の変化である。このため、生産性の改善も一時的な現象に過ぎない。実際、この実験の生産性は、たった一〇分間の作業で測られている。つまり、いい気分の効果は意外と早く消えてしまい、その後の生産性には影響しないかもしれない。

たしかに「幸せな人は生産性が高い」という結果は直感的に受け入れやすい。しかしそうした仮説は限定された状況でしか成立しない可能性も否定できないことに留意が必要だ。計算のような情報処理能力や短時間での作業のように、いろいろな付帯条件がある。

幸せな従業員が販売数を伸ばす理由

前節では、ラボにおける研究から、幸せな人ほど生産性が高いことを示したが、現実は実験室と違うという批判もある。そこで、企業で実際に働く従業員を対象にした研究から、幸せと生産性の関係を見てみよう。イギリスの大企業であるブリティッシュ・テレコムのコールセンターで働くオペレーターを対象に、週ごとの幸せを六か月にわたって調査して、生産性との関係を分析した研究だ。

しかし、ご想像のとおり、前節で見た結果と変わらない。ただ、オズワルドらの研究には見られない、いくつもの新しい知見があるので少しお付き合いいただきたい。

この研究の分析対象者は全部で一一五七人と大規模だ。その五九%が男性で、六〇%強が二一歳から三五歳と比較的若い従業員となっている。半分近くが現在のポジションに就いて二年以内とそのキャリアは長くない。従業員の幸せは、「今週どのくらい幸せに感じたか」という質問に、五段階の選択肢から回答してもらって集計する。データは毎週送付されるメールを通じて収集し、二〇一七年七月から六か月続けられた。従業員のパフォーマンスは、一週間の販売数で測っている。

分析してみると、幸せに感じた従業員は、販売数を伸ばしていた。意外なのはその理由だ。幸せな従業員は労働意欲が増し、出勤日が増えたわけではない。また、超過勤務をしたり、休憩を減らして働いていたわけでもなかった。むしろ、幸せなときほど、効率的に働いていた。時間あたりの電話数が増えたり、作業の手順にきちんと従ったりしただけでなく、より多くの電話勧誘を販売につなげて成果を上げていた。つまり、通常考えられている（もしくは、前節で主張された）ような、幸せな人ほど労働意欲が高まるという仮説は当てはまらなかった。幸せだと生産性が高まるのは、労働意欲が増して長時間働くようになるためではなく、仕事の効率がよくなるためだったからだ。

さらに、従業員の幸せの重要性は、顧客と直接接するサービス業において顕著となった。再契約やアップグレードのような業務では、顧客と信頼関係を築き、説明をして納得してもらう必要がある。幸福感が販売数を伸ばす効果は、こうした再契約やアップグレードのような業務において大きく認められている。幸せを感じることが、顧客とうまくやっていく社会技能（ソーシャルスキル）を促進するのではないかと考えられている。たしかに、不幸で気分が落ち込んでいる人よりも、幸せではつらつとしている人のほうが、営業がうまくいきそうである。

では、企業は従業員が幸せになるような労務管理を模索すべきだろうか。この研究を行ったベレットらの見解は、そうした労務管理にあまり肯定的ではない。費用対効果から考えると、従業員全員を幸せにすることは高くつくことになるからだ。週あたりの販売数を四から六増加するために必要な幸福感の向上はかなり大きな変化で、職場の組織や文化をちょっと改善するぐらいでは変えられないほどだという。かなりの企業努力を要するわけだ。このため、効果を上回る多額の費用がかかってしまうと危惧している。彼らは前節で紹介したオズワルドらの研究などを取り上げ、ほかの研究結果についても同様だとする。

たしかに、この研究は、週ごとの幸せの影響を考察しただけであり、長期的な影響は不明だ。労務管理の一環として、企業がなんらかの投資をするのであれば、長期的な展望が必要であろう。このため、この研究結果を引用して、従業員を幸せにすれば企業にとっても恩恵があると主張することは、短絡的とのそしりを免れない。ベレットらの研究は、従業員の幸せと生産性の関係を示した有力な研究の一つであるが、そうした研究でさえも、「幸せな従業員＝組織のメリット」とは結論付けていないのである。

余談となるが、上記の研究では、従業員一人（within-workers）の幸福感の変化に焦点を当てていることも特徴だ。たとえば、従業員Aさんの幸福感が上がったり下がったりといった具合だ。一方、次節以降で見る仕事の満足度などは、従業員の間（between-workers）の満足度を比較することが多い。従業員の間の比較では、満足度の高いAさんと満足度の低いBさんを比べて、Aさんの生産性のほうが高いといった具合になる。

従業員一人（within-workers）の幸福感の変化に焦点を当てるのは、従業員間の幸福感を比べるよりも適切だという考えかたが背景にある。個人内の幸福感の変化はある程度比べられるが、従業員間の幸福感は比べられないという見解もあるからだ。たとえば、アンケートの回答で測るAさんの幸福度五は、Bさんの幸福度三よりも大きいとは言えないかもしれない。

このように、分析によって、アプローチがまったく違うことに注意が必要だ。解釈が違ってくることもあるからである。このため、本書で取り上げる研究は、分析の大まかな枠組みも合わせて紹介している。逆に、概要や結果が知りたい読者は、技術的な記述をあまり気にせずに読んでいただければと思う。研究の概要はだいたい各節の前半に、技術的な記述はその後半におかれている（研究者の肩書は、原則として二〇二一年現在のものとした）。

仕事の満足度と生産性の関係

ここまで、幸せな従業員ほど生産性が高い可能性があるということについて見てきた。では、仕事の満足度で考えた場合はどうであろうか。企業への恩恵という観点から議論するのであれば、生活全般にかかわる幸福感よりも、仕事の満足度を検証するほうがより深い関係性を見出《みいだ》せるだろう。

理論的には、仕事の満足度でも同様な結果が予想される。満足度の高い従業員は、さぼることや欠勤が少ないので生産に寄与する一方、満足度の低い従業員は、仕事の不満ばかりに目が行くので、生産性が下がると考えられるからだ。

実は、仕事の満足度と従業員個人の生産性の関係については古くから研究されてきた。その研究の始まりはいまから七〇年近くもさかのぼるが、一九五〇年代や六〇年代には、この両者にはほとんど関係がないか、あってもごくわずかだとされていた。

もう少し近年になって、八〇年代の研究でも似たような結果を示している。七四の研究を対象にしたメタ分析（いろいろな研究をまとめて分析する手法）によって、仕事の満足度と生産性の相関は〇・一七、つまり、両者の間には少し関係がある程度だとされている。このため、仕事の満足度が高いほど生産性が上がると考えるのは、たいした根拠のない一時的な流行だと思われるようになった。

しかし、二〇〇〇年代に入ると状況が変わる。三一二のサンプルを使ったメタ分析によって、仕事の満足度と生産性の相関は〇・三〇と推定され、ある程度の関係性が認められたのだ。

そして最近の研究では、従業員個人の生産性ではなく企業全体の生産性にも着目している。たとえば、従業員の不満は伝染し、ほかの従業員の生産性を下げるかもしれない。このため、企業全体の生産性は、個人の生産性の変化を足し合わせたよりも、大幅に大きかったり小さかったりする可能性がある。

これまでの研究では、企業全体で見た生産性にはあまり着目されてこなかった。個人の仕事の満足度が改善することで、企業の生産性も向上するのであれば、従業員のみならず、企業にとっても望ましい。また、古い研究には別の問題もある。分析対象が少数の企業だったり、サービス業のような特定の業種だけに焦点を当てたりしていた。これだと、一般的な結論を導くのが難しい。特殊な場合にしか当てはまらない結果なのではないかと、その普遍性に疑問を持たれる。

そこで、幅広い業種を対象にして、仕事の満足度が企業の生産性に与える影響を検証した研究が行われるようになってきた。ただ、その結果は想定の範囲内のものも多く、たとえば、イギリスにおける全国的な企業調査に基づいた研究では、仕事の満足度は職場の生産性と正の相関があると示されている。この研究は、農業、漁業、鉱業以外のすべての業種が対象で、製造業だけでなくサービス業も含まれる。仕事にとても満足していると回答した従業員の多い職場ほど、生産性だけでなくサービスや製品の質などが考慮された職場のパフォーマンスが高い一方、仕事にとても不満があると回答した従業員の多い職場ほど、そのパフォーマンスが低かった。つまり、仕事の満足度は、職場のパフォーマンスを左右することになる。

ただし、この研究には批判もある。職場のパフォーマンスは、同じ業種のほかの職場に比べて、マネージャーがどう思うかという主観的な評価だからだ。その結果には、ある程度の妥当性は認められるものの、客観的な指標による分析も見たいところだ。

そこで、本節で紹介したいのは、そうした要望を満たしてくれる研究だ。一九九六年から二〇〇一年におけるフィンランドの製造業の工場に勤める従業員の仕事の満足度を考察した分析である。この研究では、民間で製造業を営むほとんどの企業（従業員が少なくとも二〇人いる企業が所有するすべての工場）が対象だ。また、生産性は、工場での労働時間あたりの付加価値（労働生産性）で測られる。年ごとに企業の生産性を見ているわけだ。

仕事の満足度については、工場施設ごとに見た平均的な仕事の満足度を使用する。具体的には、従業員が一（満足していない）から六（たいへん満足）までのうちからその満足度を選び、工場ごとに平均する。いままでのアプローチとは違い、工場施設ごとに見た平均的な仕事の満足度が、工場施設あたりの生産性に与える影響を分析しているのだ。

分析の結果、仕事の満足度が高い工場施設ほど、その生産性が高いことが示されている。二〇〇〇年代の先行研究が示している従業員個人の生産性についての結論が、工場施設で見た生産性についても当てはまっており、製造業で見る限り、従業員の仕事の満足度が高いことは、企業にとっては好ましいことになる。

では、企業は従業員の満足度を高める努力をすべきかというと、その点は微妙だ。この研究に参加した従業員たちの仕事の満足度は、平均すると四・五（上限は六）と、すでにかなり高い満足度を示しており、この値を改善するにはかなりの努力が見込まれるからだ。工場施設で見た仕事の満足度を一標準偏差（〇・七）改善しても、生産性の向上は六・六％とそれほど大きくないため、割に合わない可能性がある。

さらに、サービス業にまで分析対象を拡大し、非製造業の施設を含めた分析も行っている。ここでは、企業の生産性の指標として、労働時間あたりの付加価値の代わりに、従業員あたりの売上高が使われた。すると、仕事の満足度は生産性と関係がなくなってしまった。また、製造業の施設だけを抜き出してみても仕事の満足度は企業の生産性の指標である売上高とは関係はなかった。非製造業の施設を入れたために、結果が変わったわけではないことになる。

このように、生産性の指標によって結果が変わるようでは、仕事の満足度が高い施設ほど、その生産性が高いという結論は心もとない。このため、企業が生産性を高めるためだけに従業員の仕事の満足度を高めようとすることには、科学的根拠がないと言える。

企業価値を上げるには

ただ、従業員が幸せになることで、企業が恩恵を享受するかを判断するための指標は、生産性だけではない。それ以外の指標もある。たとえば、企業価値だ。

ここ数年、ＳＤＧｓ（Sustainable Development Goals：持続可能な開発目標）への関心が高まっているが、働きがいのある人間らしい仕事を推進することも、その目標の一つに含まれている。個人の観点では、やりがいを感じながら働けるのであれば、仕事に満足を感じるであろうし、組織の観点からは、ＳＤＧｓの推進は、そのイメージの向上につながる。

では、仕事の満足度と企業価値にはどのような関係があるだろう。この関係は古くから議論されているが、これまでの理論的な議論を整理すると、次のようにまとめられる。

仕事の満足度が高くなれば、企業価値が向上する。その理由はいくつかあるが、まず有能な人材の流出を防げる。有能な人材ほど他社から引く手あまたであるが、仕事の満足度が高ければ、自社にとどまってもらえる可能性が高い。また、その逆もある。仕事の満足度が高い企業ほど、有能な人材が集まってくる。リクルートに有利なわけだ。

さらに、仕事の満足度が高ければ、一生懸命働いてくれる。古くは出来高制や解雇の脅しで従業員のやる気を出させていたが、時代とともに成果の数量化が難しい仕事が多くなってきている。このため、満足のような本質的な動機の重要性が増すようになった。

上記で指摘した理由のいずれもが、企業価値の向上に働く要因として挙げられている。一見自明のように思えるが、こうした考えは実証研究で裏付けされているのであろうか。

実は、仕事の満足度が企業価値の向上に資するかは、きちんと検証されてこなかった。これまでの研究では、仕事の満足度が、個人単位の仕事の出来とどのように関連しているかを考察するにとどまっていたのである。仕事の満足度が高くなれば、個人の業績は上がるかという問題設定がメインであったわけだ。

しかし、最近の研究では、従業員間の相互作用を考慮に入れて、企業単位で分析する必要性が意識されている。個人単位での影響を企業単位でまとめて見たときに、全体の影響がどうなるかは明白ではないからだ。

またこれまでの研究では、生産性や欠勤、転職率などの個々の要因を別々に取り扱っていたが、企業業績への影響を分析するには、これらの要因を総合的に勘案する必要がある。

それだけではない。仕事で高い満足度を得るには、その費用も大きいかもしれない。たとえば、仕事の満足度を向上させるためには、従業員に仕事の責任を委譲すればよいと言われている。責任のある仕事を任されれば、頑張って働くようになり、業績が改善する。しかし同時に労働費用が増加するという研究報告もあるため、企業にとってみれば費用だけかさんで恩恵がない可能性もあるのだ。

そこで、ロンドン・ビジネススクール教授のアレックス・エドマンズは、企業単位で見た仕事の満足度を考察の対象とした研究を行った。従業員間の相互作用や仕事の満足度を改善させるための費用を考慮に入れ、従業員個別の生産性ではなく、企業単位での総合的な影響を分析したわけだ。

企業ごとに見た仕事の満足度は、「アメリカで働くのに最良な一〇〇の企業」のランキングで測られる。ランキングを決める得点のうち、三分の二は従業員の評価に基づく。経営陣への信頼を測る①「信用」や②「尊重」、③「公平」や、仕事に対する認識である④「自尊心」、ほかの従業員との関係を測る⑤「友愛」の五つに分類される質問に対する回答から評価されている。残りの三分の一は、経営陣への質問から評価される。多様性、転職率、報酬、手当、休暇などの質問だ。このように、その質問内容がいろいろな側面を網羅していることから、総合的な仕事の満足度を表していると考えることができる。

分析対象期間は一九八四年から二〇一一年までの三〇年弱。この期間における株式収益率で測られた企業価値との関係を考察している。市場で評価された価値は、仕事の満足度が企業価値に影響するすべての経路を考慮しているという想定だ。

この際、最良な一〇〇の企業リストが公表されてから一か月後の株式収益率を使用して分析している。リストに含まれたことで収益率が高くなったわけではなく、仕事の満足度が収益率に与える影響を見たいからだ。

分析の結果、「アメリカで働くのに最良な一〇〇の企業」に載っている企業は、ほかの企業より、年率二・三%から三・八%高い株式収益率を上げていた。つまり、仕事の満足度が高いほど、将来の株式収益率で測られた企業価値を上げると解釈できる。

この結果を考えるうえで注意すべきは、仕事の満足度を高めれば株式収益率が上がるというような、すぐに成果が表れるものではないということだ。実務的にも、企業文化を変えて仕事の満足度を高めるには時間を要するだろう。

ただ、私はこうした長期的な取り組み自体は悪くないと考える。個々の組織が競い合って総合的な仕事の満足度が向上するのであれば、個人の幸せ＝組織のメリットという枠組みを超えて、社会全体の働きかたや企業文化が大きく改善していくからだ。個人の幸せこそが組織の幸福という安直な図式には賛同しかねるが、そうした大きな変化は否定すべきではないだろう。

ワーク・ライフ・バランスと転職の関係

仕事の満足度は、職場での幸福感を測る尺度として古くからよく使われてきた。これ以外にも、幸福研究でよく使用されるものには「心理的なウェルビーイング」(Psychological well-being) がある。仕事中だけでなく、勤務時間外も含んだ全体的な幸福感だ。いわゆる「ワーク・ライフ・バランス」が重視される現代において、全体的な幸福感はより重要になってきている。

これまでの研究では、いずれの尺度でも同じ結果が示されている。仕事の満足度が低いと転職傾向にある。また、全体的な幸福感が低いと転職傾向にある。仕事の満足度や全体的な幸福感により、転職を予測できるわけだ。

こうした議論では、仕事の満足度（職務満足度や仕事のやりがいとされることもある）による影響と全体的な幸福感による影響を別々に考察していた。ただ、仕事の満足度は、全体的な幸福感とは必ずしも同じではない。このため、この両者を一緒に分析する必要性が提唱されている。

そうした必要性は、コンサベーション・オブ・リソース・モデルに基づいている。このモデルでは、人々が価値をおくものをリソース（資源）と呼び、人々はリソースを獲得し管理（コンサベーション＝保全）する。

リソースは二つに分類される。食べ物や住居のような主要なリソースと、時間や仕事のような二次的なリソースだ。元フォードハム大学経営学部教授のトーマス・ライトらは、全体的な幸福感は主要なリソースで、仕事の満足度は二次的なリソースと位置付けている。

では、どうして仕事の満足度を全体的な幸福感と一緒に分析する必要があるのだろうか。

たとえば、私たちは子どもとの時間を優先して、勤務時間が柔軟で給料の低い仕事を選ぶことがある。子どもとの時間が全体的な幸福感を高めるのであれば、満足度が下がる低い給料の仕事を選ぶことは、合理的な判断だ。このように、全体的な幸福感が高ければ、低い仕事の満足度は転職と関係なくなる。主要なリソースである全体的な幸福感が、二次的なリソースである仕事の満足度に優先するからだ。

一方、全体的な幸福感が低ければ、私たちはそれを改善しようとする。幸せになろうといろいろ考えるわけだ。このとき、仕事の満足度も低ければ、転職は一つの選択肢となる。

こうした考えに基づき、ライトとカリフォルニア大学サンタクルーズ校心理学教授のダグラス・ボネットは、アメリカ西海岸の大企業に勤める一一二人のマネージャーへの聞き取り調査により、仕事の満足度や全体的な幸福感が転職に与える影響を分析している。

分析対象となったマネージャーはほぼ男性（七四％）、全員が大卒以上の学歴を持ち、平均年齢は三八歳となっている。仕事の満足度と全体的な幸福感について測ってから二年後に、転職について調査した。ここでの転職は自発的な転職に限定され、解雇は含まれない。コンサベーション・オブ・リソース・モデルの枠組みでは、通常、自発的な転職を念頭においているからだ。

分析の結果、全体的な幸福感が高い場合は、転職率は低かった。しかし、仕事の満足度が転職率に与える影響は、統計的に有意なものでなかった。つまり、仕事の満足度は、転職とは関係ないことになる。

これまでの研究でも、仕事の満足度が低いと転職しやすいとは言い切れない（そのような関係性はあまり強くない）のではないかという批判があったが、この研究結果はそうした批判を支持するものとなっている。

とくに、全体的な幸福感のような別の要因を考慮して分析すると、その関係性（仕事の満足度と転職傾向）が変化する可能性を指摘している。具体的には、全体的な幸福感が高いときには、仕事の満足度と転職の関係性が弱くなる。一方、全体的な幸福感が低いときには、仕事の満足度が低い人ほど転職する。

つまり、仕事の満足度が高いか低いかにかかわらず、全体的な幸福感が低い人ほど転職しやすいことが示されている。これらの分析では、転職の判断に影響する性別、年齢、民族、業績の要因がコントロール（調整）されている。

ここでは転職への影響を見てきたが、ライトらは別の論文で、全体的な幸福感を考慮すると「仕事の満足度が高いと業績も高い」という関係性が弱くなることも示している。いろいろな要素を合わせて分析することが大事であるとわかる。

コンサベーション・オブ・リソース・モデルに基づく転職率

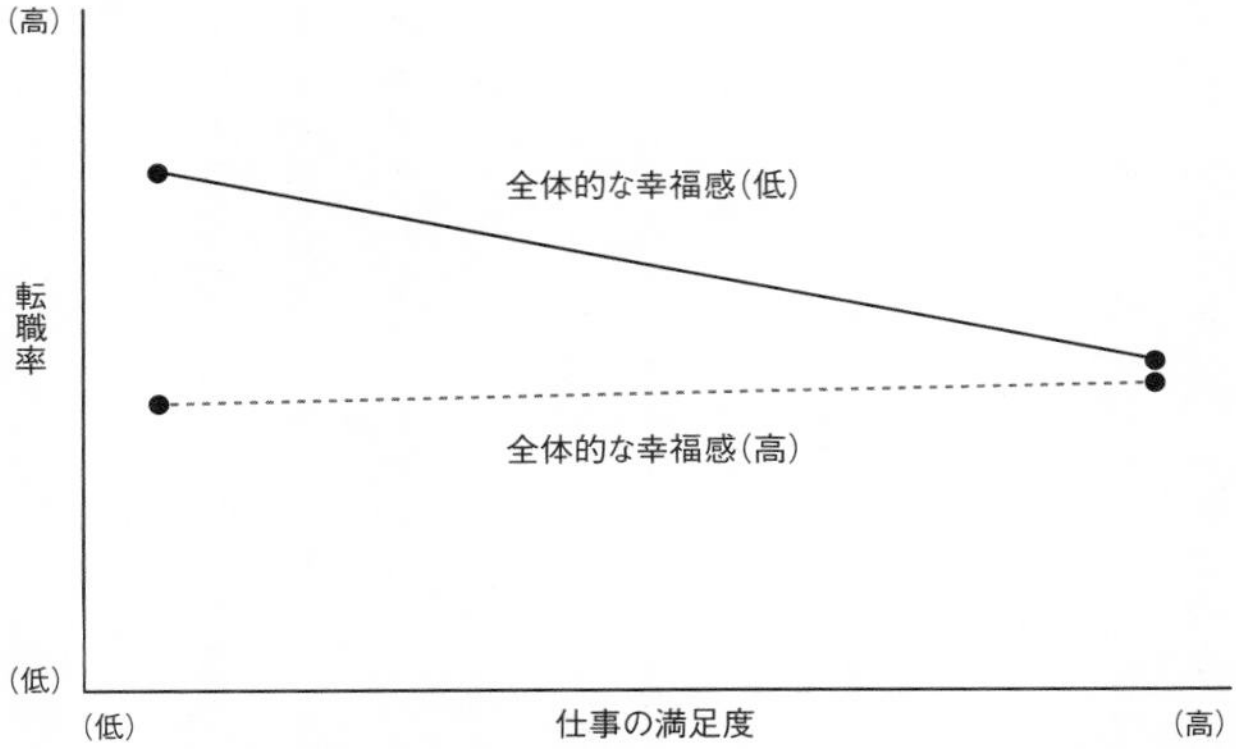

Wright and Bonett (2007) Figure1より。全体的な幸福感と仕事の満足度の相互作用が予測する転職率。縦軸が転職率（上に行くほど高い転職率）、横軸は仕事の満足度（右に行くほど高い満足度）。

こうした結果は、個人的にも受け入れやすい。「おわりに」でも触れているが、私自身が個人の幸せを考えるときにも、「組織の一員としての私」という観点から考えるのではなく、「組織に属する私」は「いろいろな私の一面に過ぎない」と思っている。職場における幸せを強調して、個人の幸せ＝組織のメリット、という主張より、より大きな枠組みで幸せを改善する取り組みのほうが、重要であろう。

幸せな先生の教育効果

前節までは従業員全体の幸せの観点か

ら見てきたが、ここでは特定の従業員の幸せの観点から、組織への影響を見ていく。ほかの従業員への影響力が大きいリーダーシップの議論だ。こうした議論は、企業にとどまらずいろいろな組織形態に適用できるが、本節では教育機関を例にとり、教室のリーダーである先生の教育効果を考えよう。

一九六六年に公表されたコールマン報告書以来、生徒の学業成績を左右するのは、家庭環境であり、学校や先生ではないと信じられてきた。コールマン報告書とは、社会学者であるジェームズ・コールマンとその同僚らによって執筆され、「教育機会の平等」というタイトルで、アメリカ教育局より出版された報告書だ。

しかし、最近の計量経済分析によると、一部の先生は、ほかの先生よりも効果的に教えられることが示されている。生徒の学業成績を考えるうえで、先生も大事な要素なわけだ。たとえば、うまくコミュニケーションがとれる先生に教わった生徒ほど、学業成績がよい。一方で、先生の質の指標として使われてきた学歴や資格は、生徒の学業成績との関係が認められていないことが多い。

では、いい先生とは、どのような資質がある人なのだろうか。ペンシルバニア大学心理学教授のアンジェラ・ダックワースらは、逆境を緩衝するようなポジティブな特性を持つ先生ほど、教育効果を上げる可能性があることを示している。

先生がたいへんな職業なのはどの国でも同じで、アメリカでは五人に一人が数年のうちに先生を辞めてしまうそうだ。こうしたなかで、教育効果を上げられる先生とは、ポジティブな感情を持ち、困難にめげないような人ではないかと考えたわけだ。

この研究では、設備など学習支援が十分でない公立学校に配属された三九〇人の初心者である先生が分析対象だ。大部分(七九%)は女性で、平均年齢は二四歳。すべての先生が大卒以上の学歴となっている。二〇〇五年に先生の特性について、また、一年後の二〇〇六年には先生の教育効果のデータを集めて分析している。

先生の特性は、①「人生の満足度」、②「困難にあってもくじけないでやり抜く力」(グリット)、③「楽観性」という三つの指標で測られる。また、先生の教育効果は、二〇〇五年から二〇〇六年までの一年間における生徒の学習習熟度の進歩で測られる。学習習熟度は、内容の理解度や難易度の高い内容への進捗に基づいて評価されている。

先生の教育効果として生徒の学習習熟度を使うことは、この研究の一つの特徴だ。生徒による先生の評価だと、外交的な先生ほど高い評価を受けることがこれまでの研究から知られており、学習習熟度をきちんと測定できているかが疑問視されている。きちんと勉強して学習内容が身についたかどうかより、愉快で楽しい先生の授業で、勉強したような気になっているだけのことも多いからだ。

もう一つ、この研究を特徴づけている要素は、先生自身が働きたい学校に直接応募するのではなく、行政側によって、働く学校を割り振られていることだ。働きたい地域の希望は考慮されていて、完全に無作為な配属ではないが、セルフ・セレクション・バイアス問題の緩和に一役買っている。たとえば、進学校の生徒の成績をそれ以外の学校の生徒と比べて、進学校の先生の教育効果のほうが高いとは言えない。もともと進学校はよい先生を雇うのに対し、学業が振るわない不人気校ではそれなりの先生が雇われることも多いからだ。勤務校が外部によって決められることで、こうした問題を緩和している。

では、どのような結果が出たのだろう。分析によると、人生の満足度が高く、やり抜く力が強い先生ほど、教育効果が高かった。

ある程度予想できたことだが、人生の満足度は重要な要因だった。人生の満足度の高い先生は精力的であるため、クラスのムードを改善して、生徒が引きつけられる。このため、生徒の学習効果が高まるのではないかと考えられている。

また、情熱を持って長期の目的に取り組めるかを見る、やり抜く力も重要だった。これまでの研究で、困難な状況にあってもやり抜く力の指標が高い人は、物事を成し遂げられることが知られている。一生懸命働くだけでなく、途中であきらめないからだ。教えることは根気のいる作業だ。とくに、いろいろな面で学習支援の乏しい公立学校での教育ならなおさらだ。困難な教育現場では、先生のやり抜く力が、生徒の学習の手助けとなっている。

一方、楽観性は、教育効果との関連がなかった。悲観的な人は無気力に陥る傾向があることから、楽観的な人のほうが教育効果が高いと思われたが、そうでもないようだ。

自己犠牲で人生の満足度が低下

ダックワースらの研究では、幸せな先生ほど教育効果が高い可能性が示されたが、いくつかの問題点も明らかになった。

まず、先生の特性から見た教育効果は、その程度があまり大きくないということだ。この分析では家庭環境や教授法が考慮されていないが、むしろ、これらのほうが大きな影響力を持つ可能性がある。

また、先生として過ごす一年目の間に、人生の満足度が低下することもわかっている。教育効果を上げるために先生が消耗していることになる。働いて報酬を得る（この場合は生徒を指導して給料をもらう）ときに、個人の幸せを犠牲にしてしまうことがデータとして証明されているという事実は、今後の働きかたを考えるうえでも重要な論点だ。

さらに、裕福な地域にある進学校でも同じ結果が当てはまるかはわからない。生徒の気質によって、よい先生の定義が変わる可能性もある。進学校の生徒は自発的に勉強する姿勢が育まれている。家庭の裕福度と進学校への進学率には相関があることが知られているが、学習効果の観点からは家庭環境のほうが重要かもしれない。

こうした結果を踏まえて、学校や行政は、先生を幸せにするように努力すべきかどうかを考えてみよう。

家庭環境や教授法に比べて、先生の幸福度が教育効果に与える影響が小さいとすると、費用対効果の観点からはお勧めでない。人生の満足度を向上させるには、かなりの資源を必要とするが、それに見合った効果が期待できないからだ。

むしろ、生徒の好奇心をくすぐる教授法の開発や、先生のコミュニケーション能力を訓練するほうが効果的であろう。先生の幸せは、教育に対する目新しいアプローチであり、興味深いものであるが、従来のアプローチ（教授法の開発や先生のコミュニケーション能力の向上）を超える効果が期待できるとは言えない。

こうした結論は、前節までに見てきた議論と変わらない。従業員の幸せは組織の成果につながりそうだ。しかし費用対効果で見ると、必ずしも推奨される労務管理ではない。結局、従業員の幸せは、組織の成果とは別の観点から推進されるべきなのではないだろうか。

幸せな従業員ばかりでも業績は変わらない

本章の議論を振り返ってみると、従業員を幸せにすることで組織のパフォーマンスが改善するのは、特殊な状況に限定される。また、一般に信じられていることとは違い、その関係性が認められないものもある。さらに、関係があっても、その関係性が必ずしも強くない場合が多い。このため、従業員の幸福度を改善することで組織のパフォーマンスを向上させようとする方策は、費用対効果の観点からはよくない、ということもわかった。

もちろん、従業員が幸せになることを否定しているわけではない。ともすると個人を犠牲にして組織の利益を優先するようなブラックな職場環境へのアンチテーゼとして、従業員の幸せを提唱することは理解できる。人は、ポジティブなことよりもネガティブなことに反応しやすい。このことを考えると、あえてポジティブを提唱することには意味がある。

ただ、個人の幸せ＝組織のメリット、という安直な図式は、すべての局面に当てはまるわけではなく、むしろ、そうした単純化は誤解を与える。本章で取り扱った科学的なエビデンスは、個人の幸せ＝組織のメリット、という主張に警鐘を鳴らしている。幸せにすればすべてオッケーだというようには考えないほうがよいだろう。

第一章まとめ

◎気分がよくなると情報処理能力が上がるが、その効果は長く持続しない可能性が高い

◎家族の不幸により情報処理能力は下がるが、時間がたつと、その影響は小さくなる

◎幸せだと成果が出るのは、労働意欲が増すからではなく、効率的に働くようになるため

◎従業員あたりの売上高は、仕事の満足度とは無関係

◎全体的な幸福感が高いときには、仕事の満足度が高くなくても転職をしない可能性がある

◎仕事の満足度が高いほど、企業価値が上がるが、価値が高くなるまでには時間がかかる

◎従業員を幸せにする労務管理は、費用対効果から推奨できない可能性が高い

◎生徒の学力向上には、先生が幸せであるよりも、家庭環境や教授法の改善のほうが効果的

第二章　不幸せ（ネガティブ）な従業員こそ重要だ

ネガティブであることの恩恵

『幸福優位7つの法則　仕事も人生も充実させるハーバード式最新成功理論』（ショーン・エイカー著、高橋由紀子訳、徳間書店、二〇一一年）のように、ポジティブ心理学がビジネスにおいてもてはやされた時期があったが、近年、揺り戻しのようにネガティブな要素に着目する研究が勢いを増している。そうした研究の成果によると、私たちはストレスによって成長することができ、またストレスは悪いだけのものではないという意識に変えるだけで健康な生活を送れるという。

たとえば、心的外傷（トラウマ）を経験したときに、精神的回復力（レジリエンス）の強い人は、心的外傷後ストレス障害（ＰＴＳＤ）を発症した人に比べて、ストレスホルモンの分泌が多い。このことから、強いストレス反応を起こす人のほうが、長期的な回復力がある可能性が指摘されている。回復力があって打たれ強い人は、何度も挑戦することができるので、最終的には目標に到達する確率も高まる。

本章では、こうしたネガティブな従業員が、組織に恩恵をもたらす可能性について考えていく。そのなかには、通常、私たちがマイナスイメージを持っている不安のようなネガティブな感情が、実はリスクを察知して対処するのに役立つといった事例も含まれている。ネガティブな従業員も組織にとって悪者ではなく、財産なのである。

ネガティブな気分が創造性を向上させる

目まぐるしく環境が変わるビジネスにおいて、創造性は組織が生き残るために重要な要素の一つだ。新しいアイデアを形にして、ライバルと差をつけないと競争に生き残れない。たとえば、入手困難でニュースにもなったNintendo Switchを開発・販売する任天堂は明治時代に創業した老舗企業で、これまでにも数々のヒット商品を生み出してきた。創業初期はトランプや花札を販売していたという。そこから、新たなゲーム機やゲームソフトを生み出したというのだから、創造性のたまものであろう。

では、どういった感情がこうした創造性の向上に適しているのだろう。第一章で見たように、実験室における研究では、ポジティブな気分のほうが、数的処理のような問題解決のパフォーマンスを促進する。創造性を必要とする仕事にも同じことが言えるのだろうか。

職場における創造的なパフォーマンスは、「斬新」で、「有用」であるかどうかで判断される。新しくて役に立つものを生み出すには、通常、一生懸命努力しないといけない。自ら問題を特定し、新しい着想を得て、何度も試行錯誤を繰り返した末に、やっと創造的なものが生み出せることが多いからだ。

そうした根気強い作業が必要なときには、ネガティブな気分が好ましいという見解がある。現状に満足せずに、批判的に考えることで、よりよいものを生み出そうと努力を続けるからだ。一方、ポジティブな気分だとうまくいっていると思い込み、いまよりも改良しようという努力をしなくなるからダメだという。

この見解に基づけば、気分次第で努力し続けるかどうかが決まることが鍵になる。つまり、創造性はポジティブかネガティブかの気分に左右される。

しかし、話はそう単純ではない。ライス大学経営大学院名誉教授のジェニファー・ジョージらによると、気分が行動に影響するには、二つの条件が大事だという。「自分がどう感じているかわかるか」と、「創造性が報われるか」だ。

「自分がどう感じているかわかるか」という条件は、少しわかりにくい概念かもしれない。たとえば、「自分がネガティブな気分だ」と認識すると、現状がうまくいっていないと評価するため、一層の努力をするようになる。こうした経路が成立するためには、自分の感情がポジティブであるかネガティブであるか認識できないといけない。

また「創造性が報われる」とは、創造的なパフォーマンスが昇給や昇進で評価され、到達すべき目的だと思えるとき、つまり昇給や昇進を目指すことに前向きになれるときのことを指す。そのようなとき人は、気分（ポジティブかネガティブか）を現状評価のために使うと考えたのだ。

逆に創造的なパフォーマンスがきちんと評価されないときには、現状評価のために気分を使わない。むしろ、単純に作業が楽しいかどうかが重要となり、ポジティブな気分のほうが創造性を増すのではないかと考えた。

この仮説は、ヘリコプターを製造している大企業において、創造的なデザインや製造技術を開発する部署で働く六七人の従業員を対象に検証された。彼らの平均勤続年数は二一年で、平均年齢は五三歳。その大部分（九二・五％）が男性だ。

この研究ではいくつかの指標が使われるが、従業員の創造的なパフォーマンスは、上司が評価する。職場における従業員のネガティブもしくはポジティブな気分は、「先週一週間の仕事中にどのように感じたか」という質問に対する回答で測られる。また、創造性が報われているかどうかは、「仕事で提言した役に立つアイデアが昇給や昇進に反映されていると思うか」という質問によって測られ、自分自身の感情認識力は、「私はたいてい自分の感情がよくわかっている」（自分がポジティブかネガティブか把握できるか）や「自分自身がどのように感じているかを当惑することはまれだ」（自分がどのような感情かわからないとき）などの項目によって測られる。

分析の結果、ジョージらの説は立証された。

まず①「創造的な仕事が認められて報われるだけでなく、感情が認識できる場合」（グ

ネガティブな気分と創造性

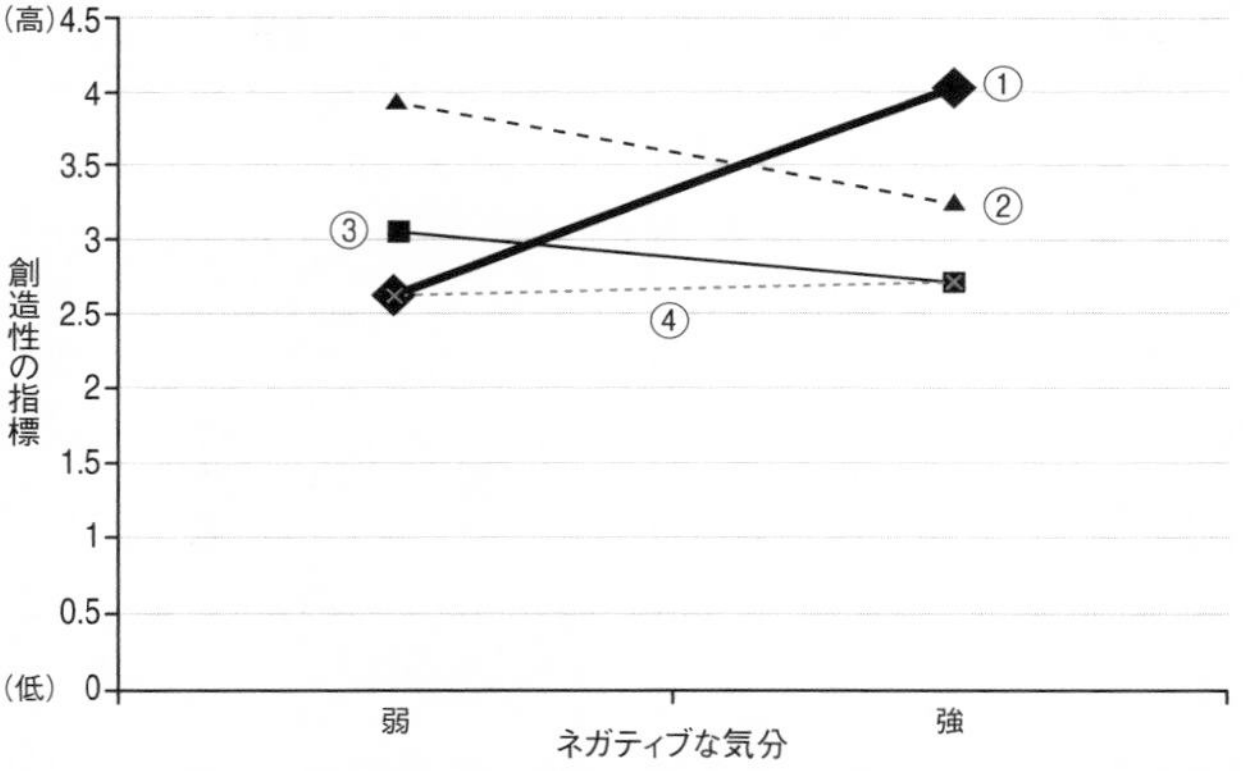

George and Zhou (2002) Figure1より。◆太線：創造的な仕事が認められて報われるだけでなく、感情が認識できる場合には、ネガティブな気分であるほうが、そうでないよりも創造性が高い。

ラフ中◆）には、ネガティブな気分は創造性と正の相関が認められた。ネガティブな気分のほうがいいことになる。

逆に②「創造的な仕事が報われるが感情が認識できない場合」（グラフ中▲）や、③「感情は認識できるが創造的な仕事が報われない場合」（グラフ中■）には、ネガティブな気分と創造性には負の相関があった。ネガティブな気分は好ましくないことになる。

ちなみに、④「創造的な仕事が報われず、感情が認識できない場合」（グラフ中×）は、創造性とネガティブな気分との相関は見られなかった。これはポジテ

創造性の向上と気分

	創造的な仕事	+	感情が認識	=	創造性	
①	報われる	+	できる	=	ネガティブが良い	ポジティブは悪い
②	報われる	+	できない	=	ネガティブが悪い	ポジティブは良い
③	報われない	+	できる	=	ネガティブが悪い	ポジティブは良い
④	報われない	+	できない	=	気分は無関係	

ィブな気分でも同様だった。

一方、創造的な仕事が認められて報われるだけでなく、感情が認識できる場合には、ポジティブな気分は創造性と負の相関が認められた。ポジティブな気分は創造性を損なうわけだ。

また、創造的な仕事が報われるが感情が認識できない場合や、感情は認識できるが創造的な仕事が報われない場合には、ポジティブな気分と創造性には正の相関があった。ポジティブな気分のほうがいいことになる。

これらの結果をまとめると、ネガティブな気分やポジティブな気分が創造性の向上に結びつくかどうかは、正しい感情認識ができ創造性が報われる状況にあるかによって変わることになる。

この研究では、組織で働く従業員が創造性を発揮するために、いろいろな障害を乗り越えて、努力し続けないといけない場合を想定している。実験室で行われる短時間の研究のように、たいした努力を必要としない作業とは違うため、ポジティブな気分の人ほど創造性が向上するという安直な結果にはなっていない。ネガティブな気分が創造性を向上させ、ポジティブな気分が創造性を停滞させる条件を特定しているわけだ。

ちなみに、この研究における「ネガティブな気分」は不安に焦点を当てている。ある程度の不安がないと人はだらけてしまうというのは納得がいく結果だ。しかし、組織が従業員の不安をあおり、働かせることには否定的な意見が多いだろう。現代社会における実務へ応用するのであれば、ある程度の緊張感を持たす工夫をするというくらいが適切だ。しかもこの研究では、データの性質上、きちんとした因果関係が検証されていない。ネガティブな気分だから創造性が高いのか、創造性の高い人はネガティブな気分なのかはわからないわけだ。このため、不安をあおる労務管理戦略に、いまのところ科学的なお墨付きは与えられない。

また従業員の特性（もともと不安に感じやすいなどの気質・性格）ではなく、過去一週間の気分を測っているが、気分への回答が特性と関係している可能性がある。不安感の高い性質の人ほど、ネガティブな気分を回答しやすいだろう。

もしそうであれば、創造性を必要とする職場では、不安感の高い人を採用するのも一案ではないか。ネガティブな雰囲気を醸し出す人は就職面接で苦労することも多いが、そうした人のほうが向いている職種もある。一般に思われているように、ネガティブな人が全面的にダメなわけではないのは確かだ。

怒りが交渉を有利にする

前節では不安がもたらす利点を取り上げたが、怒りのようなネガティブな感情が役に立つ場合もある。その一つが、お互いの利益が相反するとき、それを解決するための話し合いである交渉だ。

たとえば、二〇二一年三月のアラスカ州での米中外交トップ会談は、ちょっとした話題になった。緊迫の度を増す米中関係を反映し、マスコミを入れた冒頭発言において、人権問題などをめぐり、異例の非難の応酬となったからだ。しかし、こうした外交戦略にも意義がある。

アムステルダム大学社会心理学教授のヘルベン・ファンクリーフらは、交渉をするときには、幸せな相手よりも、怒っている相手に対して譲ってしまうことを示している。つまり、友好的に接するよりも、怒っているほうが交渉に有利になる。

ポイントは、交渉は一人で行うものではなく、相手がいるということだ。ある交渉人の感情がほかの交渉人の行動に影響を与えるという、人間相互間の効果を考察したことが、この研究の特徴だ。これは、既存研究のアプローチとは大きく違う。

それまでの研究では、人間の相互間の効果ではなく、個人内の効果を考察していた。怒った場合にその人はどうするかというように、ある交渉人の感情が、その人自身の行動にどのような影響を与えるかというものだ。その結果、ネガティブな感情状態である交渉人は、競争的で、譲歩をしないことがわかっている。一方、ポジティブな感情である交渉人は、協力的で、懐柔的な傾向にあった。

こうした個人内の効果についての知見を発展させて、人間相互間の効果を考察したファンクリーフらは、二つの相反する仮説を検証している。

一つは、「社会的感染説」といって、ある人の感情、態度や行動が、ほかの人に感染するという考えだ。この説に基づけば、怒っている交渉相手と接した人は、自分も怒ってしまうため、無理な要求をして、譲歩はしないことになる。

もう一つは、「戦略選択説」だ。相手が懐柔的な態度であれば強く要求するが、タフだと思われたときには、交渉が決裂しないようにあまり要求をしない。つまり、タフな相手は譲歩をしないと予想されるため、自分が譲歩をすることになる。相手の感情を見極めて、相手がギリギリ譲れる限界値を推測しながら、自らの要求を調整するわけだ。交渉相手のことがよくわからないときに当てはまる説だとされている。

どちらの仮説が妥当なのかを検証するために、一〇〇名程度の大学生を対象にして実験が行われた。携帯電話の売買を行う設定で、価格や保証期間、電話のサービス契約という複数の要素について、できるだけ自分に有利な条件を引き出すように交渉する。

契約内容によって、自分の利得は変わってくる。売り手ならば、価格は高くて保証期間やサービス契約が短いほど、利得は高くなる。買い手の場合はその逆だ。現実の交渉に近い設定にするため、契約内容によって自分の利得がどのようになるかはわかるが、相手の利得はわからないようにしている。

相手の提示条件に対し、自分が条件を提示しなおすというように、交渉は何回か行われる。自分にとってよい条件で交渉をまとめて高い利得を得た人ほど、実験終了後に賞金がもらえる確率が上がるようになっている。交渉が決裂すると、賞金はもらえない。真剣に実験に取り組んでもらうための工夫だ。

実験参加者の交渉相手は、①「怒っている」、②「幸せ」、③「感情がない」（怒っているわけでも幸せでもなく、中立）の三つのグループに無作為にわけられており、その交渉結果を比較する。

交渉は、コンピューターを仲介して行われる。その際、提示条件に満足だ（幸せ）とか、頭にくるような条件だ（怒り）のように、交渉相手の感情についての情報が、スクリーンを通して与えられる。たとえば「まったくお話にならないので、〇〇という条件を提示しようと思っている」といった具合だ。

実験の結果、怒っている相手と交渉した場合には、幸せな相手と交渉した場合に比べて、無理な要求をしない傾向があった。また、感情がない相手と交渉した場合の要求の程度は、その中間であった。

この結果からわかることは、相手の出方がわからないような交渉において、相手の感情

交渉を有利にする感情

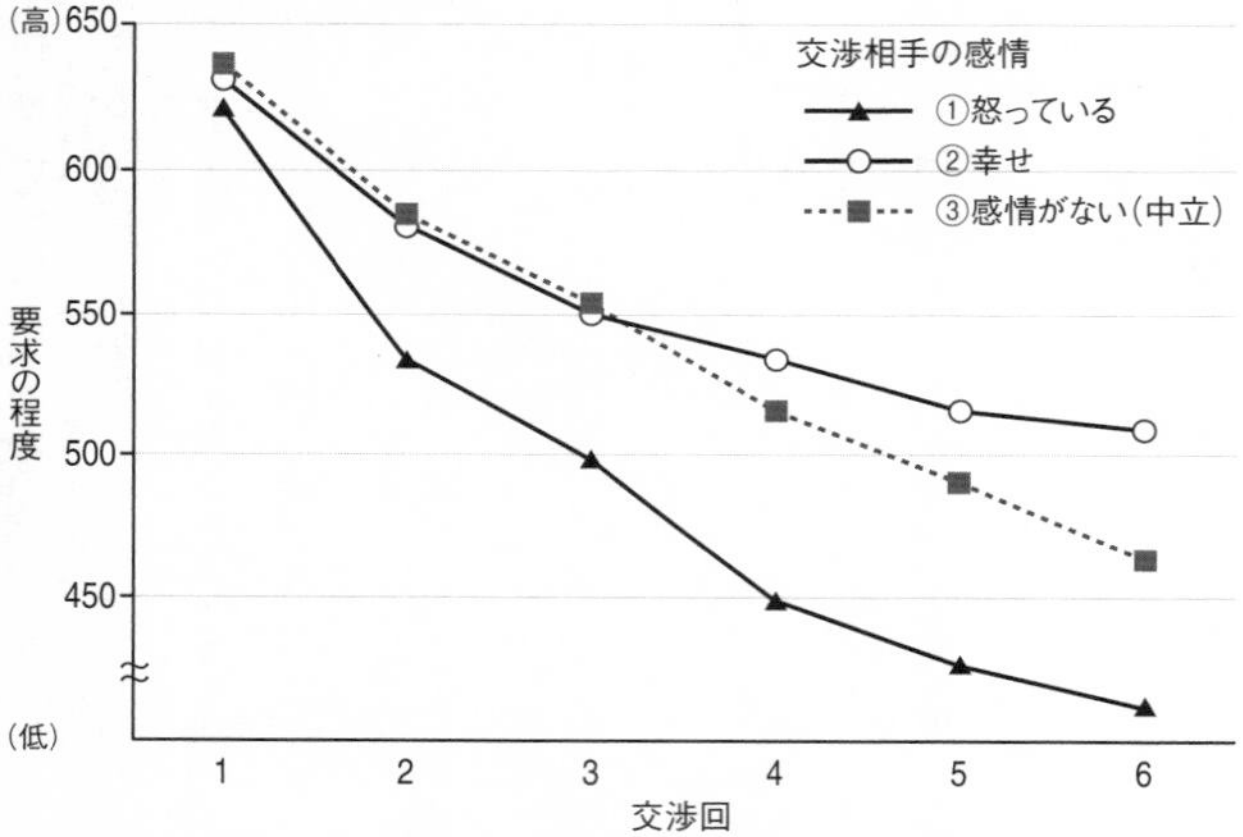

Van Kleef, et al.（2004）Figure1より。縦軸は要求の程度（大きな数字ほど厳しい要求をする）、横軸は交渉回。交渉相手の感情によって、実験参加者の要求の程度が変わる。1回目の交渉では、高望みをしているが、回を重ねるごとに妥協をして、要求の程度が下がっている。また、怒っている相手と交渉した場合（▲）には要求の程度が低く、幸せな相手と交渉した場合（○）には要求の程度が高いのがわかる。

だけを手がかりに契約を決める場合には、社会的感染説ではなく、戦略選択説が妥当ということだ。

では、実験参加者の感情が、交渉相手の感情に影響を受けなかったかというと、そうでもない。実験参加者の感情を、「交渉中にどの程度怒り（または幸せ）を感じたか」という質問への回答によって七段階（一：「全然感じなかった」から七：「たいへん感じた」）で測ったところ、怒っている相手と交渉した人は、幸せな相手や感情がない相手と交渉した場合に比べて、怒りを感じていた。同様に、幸せな相手と交渉した人は、怒っている相手や感情がない相手と交渉した場合に比べて、幸せを感じていた。

つまり、感情の感染は起こったが、交渉行動には影響しなかったことになる。考えられる理由の一つは、両方の仮説とも正しいが、戦略選択説のほうがその影響が強いというものだ。そのため、社会的感染が起こっても、感情に任せて行動しなかったことになる。

これとは別の説明としては、相手が怒っていたからではなく、譲歩を強いられる自分に腹を立てていた可能性もある。この説明だと、相手の感情が移ったわけでないことになる。

いずれにしても、個人内の効果（自分の感情が自分の行動に与える影響）とは違った結果になっている。個人内の効果では社会的感染説が支持されてきたが、人間相互間の効果（ある人の感情が別の人の行動に与える影響）では、社会的感染説が成立しない、もしくは、その及ぼす力は弱くて交渉行動に影響しないからだ。

では、どのような場合に、交渉相手の感情に影響されやすいのだろうか。交渉相手の感情を、①「怒っている」、②「幸せ」とわけるだけでなく、交渉相手の譲歩の程度を、Ⓐ「小さい」、Ⓑ「ふつう」、Ⓒ「大きい」にわけた実験を行ったところ、大きな譲歩をする交渉相手の場合には、相手の感情の影響は見られなかった。一方、譲歩をしない交渉相手の場合には、相手の感情の影響があることがわかった。

大きな譲歩をする相手には、相手の感情を利用して、その限界値を推測する必要性が高くないからだ。逆に、あまり譲歩をしない手ごわい相手には、相手が譲れる限界値を推測するのに、相手の感情を利用して判断することが重要になる。つまり、戦略選択説が成立する背後には、大きな（小さな）譲歩をしている事実だけでなく、大きな（小さな）譲歩をする人は協力的（競争的）だと解釈する経路が作用していると言える。

ただ、この実験の設定はかなり限定的で、問題点も指摘されている。

まず、コンピューターに仲介された交渉であること。チャットを利用したネット販売などには適用できるが、対面式の交渉でも同じ結果となるかは、きちんと検証される必要がある。

また、交渉相手の感情しか判断材料がない。通常の交渉では、相手方についてほかの情報もあるだろう。いろいろな判断材料があれば、契約内容を決定するときに、感情の果たす役割は低下するかもしれない。

さらに、一回きりの契約であることも問題だ。何度も繰り返し取引を行うような場合には、自分の主張ばかり押し通すことが、長期的な利益につながるかどうかはわからない。愛想をつかされて、契約先を変えられてしまう可能性もある。

こうした懸念が指摘されるにもかかわらず、この研究の結果は、多くの人にとって納得のいくものだろう。感じが悪いと思いつつも、押しの強い人の主張が通ることは、日々私たちが経験していることだからである。

怒りを有効に使うには

では、交渉ではこわもてに接すればよいかというと、そうでもない。前節で示されたような、怒っていれば相手の譲歩を引き出せるという研究結果だけではないからだ。むしろ、交渉で怒っていると、相手の報復にあうという逆の研究結果もある。

では、どちらの結果が妥当なのだろうか。実は、どちらの結果が妥当かというよりも、状況によって、その妥当性が変わる。ファンクリーフらによる別の研究によると、重要なのは、交渉者間の力関係と怒りの妥当性の二つだ。

たとえば、ほかにも交渉する相手がいるというように、選択肢のあるほうが、力関係が強くなる。力関係が強ければ、怒りを示すことで交渉を有利に進められる。現在の条件に不満であれば、交渉を続けない可能性を示唆できるからだ。すると、交渉を成立させたい相手側からの譲歩を引き出せる。

一方、選択肢がない場合には、力関係が弱くなる。力関係が弱ければ、譲歩せざるをえない。少々条件が悪くても、交渉が決裂するよりもよいためだ。この場合、交渉決裂も辞さないというブラフは得策ではない。本当に交渉が決裂して困るのは自分だからだ。怒りを示しても得るものはない。

また、怒りが妥当かどうかによっても効果が違う。たとえば、自分への提示条件が、関係性が似ている第三者への条件より著しく悪いときの怒りは妥当であろう。正当な事由がなく、不当に扱われたと考えられるからだ。

この研究によると、力関係の強い交渉者は、相手が不当な怒りを示したときには、相手の怒りが妥当な場合や感情を示さない場合よりも高い要求をする。報復するわけだ。しかし、妥当な怒りには、力関係が強くても報復しない。もっともだと思っていれば、自分の

交渉者間の力関係と怒りの妥当性

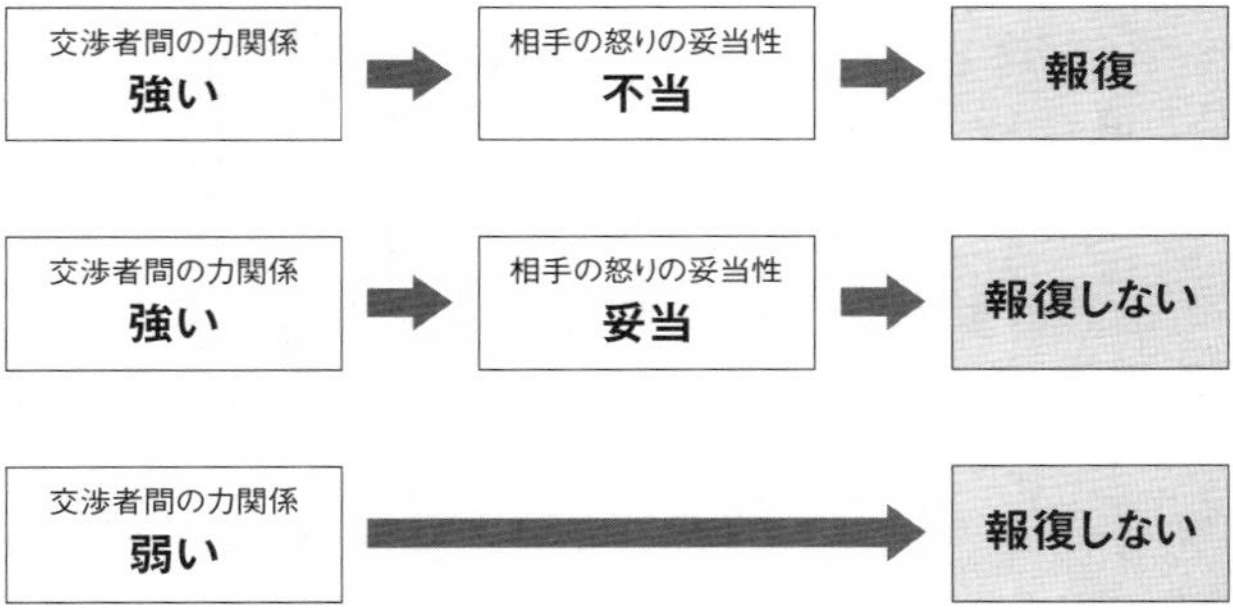

まず、交渉者間の力関係を分類し、弱ければ、怒りの妥当性は交渉の結果に無関係。強ければ、怒りの妥当性によって交渉の結果が変わる。

優位性を利用して反撃することはないわけだ。

一方、力関係の弱い人は、感情を示さない相手よりも、怒っている相手に大きく譲歩をしてしまう。怒りが妥当か否かを問わず、交渉の決裂を恐れて報復しない。

この結果から言えることは、力関係の弱い人が怒りを示すことは得策でないということだ。自分の怒りを不当だと思われれば報復されるだけで、妥当な怒りの場合には影響はないからだ。

逆に、力関係の強い人の場合には、怒りは効果を発揮する。上司と部下の関係における上司や、元請けと下請けの関係における元請けは、力関係の強い側に当てはまるだろう。非倫理的な上司の振る舞いや下請けいじめの話が絶えないのは、その証拠だろう。いいことではないが、理にかなった行動なわけだ。

怒りに転じる交渉術

これまで見てきた議論は、どのような感情表現が交渉に有利かというものだ。幸せとか怒りとかの感情を表すことが、交渉の結果に与える影響を比べている。私たちの感情は、私たちが接触する他人の感情や行動に影響するからだ。

しかし、交渉の過程で感情が変わることも珍しくない。終始一貫して怒っていたり、幸せそうにしていたりするわけではない。このため、一つの感情表現ではなく、感情の変化が交渉結果に与える影響を考察することも重要だ。どのように感情が変化するかによって、交渉の結果が変わる可能性があるからだ。こうした問題提起に触発されたコーネル大学経営大学院教授のアラン・フィリポビッツらは、感情が変化する場合には、感情表現が同じであるときとは違う結果になることを示している。

彼らの研究では、前節と同じように大学生を対象に、コンピューター（eメール）を仲介して携帯電話の契約をする実験を行う。ただ、実験参加者は、①「交渉の途中で幸せから怒りに感情が変化する」、②「怒ったまま」、③「交渉の途中で怒りから幸せに感情が変化する」、④「幸せなまま」の四つのグループに無作為に振りわけられ、グループごとに彼らの反応の違いを見ることになる。

反応の違いは、交渉相手の感情の変化前後で、実験参加者がどの程度提示条件を譲歩したかで測っている。

その結果、「交渉の途中で幸せから怒りに感情が変化する」相手と対峙《たいじ》した実験参加者は、「怒ったまま」の相手と交渉したときよりも、悪い条件を受け入れていた。

一方、「交渉の途中で怒りから幸せに感情が変化する」相手と対峙した実験参加者は、「幸せなまま」の相手と交渉したときと比べて、交渉結果に差がなかった。

また、「交渉の途中で幸せから怒りに感情が変化する」相手と対峙した実験参加者は、「交渉の途中で怒りから幸せに感情が変化する」相手と対峙した実験参加者よりも、大きな譲歩をしていた。

つまり、怒りは交渉に有効かもしれないが、最初から怒っているよりも、途中から怒り出すほうが、よりよい交渉結果を導けることになる。

では、どうしてこのような結果になったのだろう。ここで大事なことは、相手の感情をどのように判断するかという経路だ。

ずっと怒っている場合には、もともと怒りっぽい性格の人なのだろうと判断される。属性帰属という。一方、急に怒り出した場合には、こちらの行動（低すぎる提示条件など）が相手を怒らせたのではないかと考える。状況への帰属という。

怒っているのが、相手の性格ではなくてこちらの行動のせいであれば、こちらの譲歩の余地が大きくなる。相手を怒らせた行動（たとえば、低い提示条件）を変えれば、交渉をスムーズに行えるからだ。しかし、性格的なものであれば、自分の行動を変えても、交渉結果への影響は前者ほど大きくない。

ずっと怒ったままのように感情表現が変わらない場合を対象としたこれまでの研究は、属性帰属への反応を検証した色合いが濃い。性格的に怖い人には譲ってしまうというものだ。

それに対して、感情に変化のある場合を対象にしたこの研究は、属性帰属への反応というよりは、状況への帰属への反応を検証したと言える。つまり、相手が怒り始めたのは、自分の提示条件に納得がいかず、受け入れがたいためであろうと考える。そこで、提示条件を変えれば交渉がうまくいくのではないかと考えて、譲歩するわけだ。

このように、怒りの表しかたによって、その意味の受け取られかたが異なってくるため、感情が変化する場合には、感情が同じ場合と比べて違う反応を示したと解釈される。

また、別の解釈も可能だ。相手の感情をどのように判断するかという経路以外にも、社会的感染説の経路が作用した可能性もある。最初に幸せな交渉相手と接した実験参加者は、自分も幸せに感じる。幸せな気分の人ほど譲歩しやすいが、途中で相手が怒り出しても、最初に感じた幸せの影響を引きずっており、譲歩しやすくなるというのだ。このため、ずっと怒っている相手と交渉したときより、譲歩額が大きくなるのではないかとも考えられる。

こうした社会的感染説の考えかたを応用して、慎重に思考を巡らす読者であれば、交渉結果が変わったのは、感情の変化のせいではなく、ポジティブな感情とネガティブな感情を合わせた結果ではないかと疑うかもしれない。

しかし、この仮説は否定されている。もし、単純に二つを合わせて総合的に判断するのであれば、「幸せから怒り」と「怒りから幸せ」の変化は同じ交渉結果を導くはずだが、そうではなかったからだ。幸せから怒りというように、感情変化の方向が大事だということである。

印象の悪い感情変化とは

余談ではあるが、ここまで見てきたフィリポビッツらの分析は、契約条件の有利不利のような客観的な結果にとどまらない。相手方の印象のように、関係性にかかわる主観的な結果に関しても、感情変化の重要性を示している。

意外にも、交渉の途中で怒った感情に変わる相手のほうが、一貫して怒っている相手よりもよい印象をもたれていた。ずっと怒っている人は、そういう性格だと思われて嫌われてしまう。逆に、途中から怒る人は、理由があったから怒ったと解釈されて、それほど不快に思われないらしい。

一方、交渉の途中で怒りから幸せな感情に変わる相手は、一貫して幸せな感情を示す相手よりも悪い印象を持たれていた。こちらが大きな譲歩をしたから機嫌がよくなった、と解釈されたのかもしれない。途中から急にご機嫌になる人は不快に思われる。

では、交渉中に感情の変化を持たせるのであれば、途中から怒りに変えればよいかというとそうでもない。交渉の途中で怒りから幸せな感情に変わる相手に対する印象は、幸せから怒った感情に変わる相手のものと変わらなかった。つまり、主観的な関係性に限れば、どちらかの変化のほうがよりよい印象をもたらすというわけではないようなのだ。

こうしてみると、交渉結果を有利にまとめたいのであれば、ただ怒ればいいわけではなく、幸せな感じで接し始めて、途中で怒るのが得策となる。また、途中から怒る人は、一貫して怒っている人よりもよい印象を持たれるので、今後の関係性の観点からも望ましい。

ただ、こうした作用は、相手の感情変化に注意を払っている場合にのみ有効なことに留意すべきだ。たとえば、ポジティブな感情は、ネガティブな感情ほど注意をひかないため、感情変化の効果が小さい。感情変化を交渉結果に仲介する経路がうまく働かないからだ。幸せな感情を示す相手と交渉した実験参加者は、相手の感情が属性帰属なのか、それとも状況への帰属なのか、という区別をきちんとしていなかった。

今後の研究では、相手の感情変化に注意を払う（もしくは払わない）のはどのような場合かを詳細に検討する必要がある。締め切り日のために交渉時間に制限があったり、慢性的なストレスがあったりして交渉相手の注意力が散漫になっていると、怒りに転じる交渉術が有効に作用しなくなるだろう。また、企業文化や職階によって、感情変化への対応が変わる可能性もある。本節の交渉術がうまくいくためには、付帯条件に注意を払うことが必要だ。

怒ると一時的に創造的になる

怒りの効能は交渉にとどまらない。怒っていると、悲しいときやふつう（感情が中立的）のときに比べて、創造的になる。アムステルダム大学労働・組織心理学准教授のマティス・バースらの研究によると、怒りや悲しみは両方ともネガティブな感情だが、創造性に与える影響は違っており、怒りが創造性の向上に役立つ可能性が指摘されている。

ただ、話には続きがある。ただ怒ればいいというわけではない。怒っていると、最初は創造性を発揮するのだが、時間がたつと、悲しんでいるときより創造性が落ちてしまう。瞬発的という条件があるわけだ。

これは一六分間のブレインストーミングを行った実験の結果だ。実験参加者である学生は、無作為に二つのグループにわけられる。一つのグループでは、とても怒りを感じた個人的な出来事について短いエッセイを書き、もう一つのグループでは、悲しかった出来事について書く。当時の感情を思い出すことで、参加者を怒った（もしくは悲しい）気分になるように仕向ける。

次に、心理学部の教育を改善するにはどうしたらよいか、ブレインストーミングでできるだけ多くのアイデアを出してもらう。アイデアの創造性は、①「重複を除いたアイデアの数」や②「アイデアの独創性」によって測られる。ちなみに後者のアイデアの独創性は、訓練を受けた人が判定する。

そして実験の結果を見てみると、最初のうちは、怒っている人は、悲しんでいる人より創造的だった。アイデアの数だけでなく、独創的なアイデアの数も多かったのだ。しかし、時間の経過とともに両者の間には差が見られなくなり、最終的には、怒った人のほうがアイデアの数が少なくなっていた。

創造的な仕事は難しい。アイデアを生み出すには、長期記憶から概念を思い起こし、作業記憶（ワーキングメモリ）において、こうした概念を組み合わせたり変換したりする。こ

創造性と感情

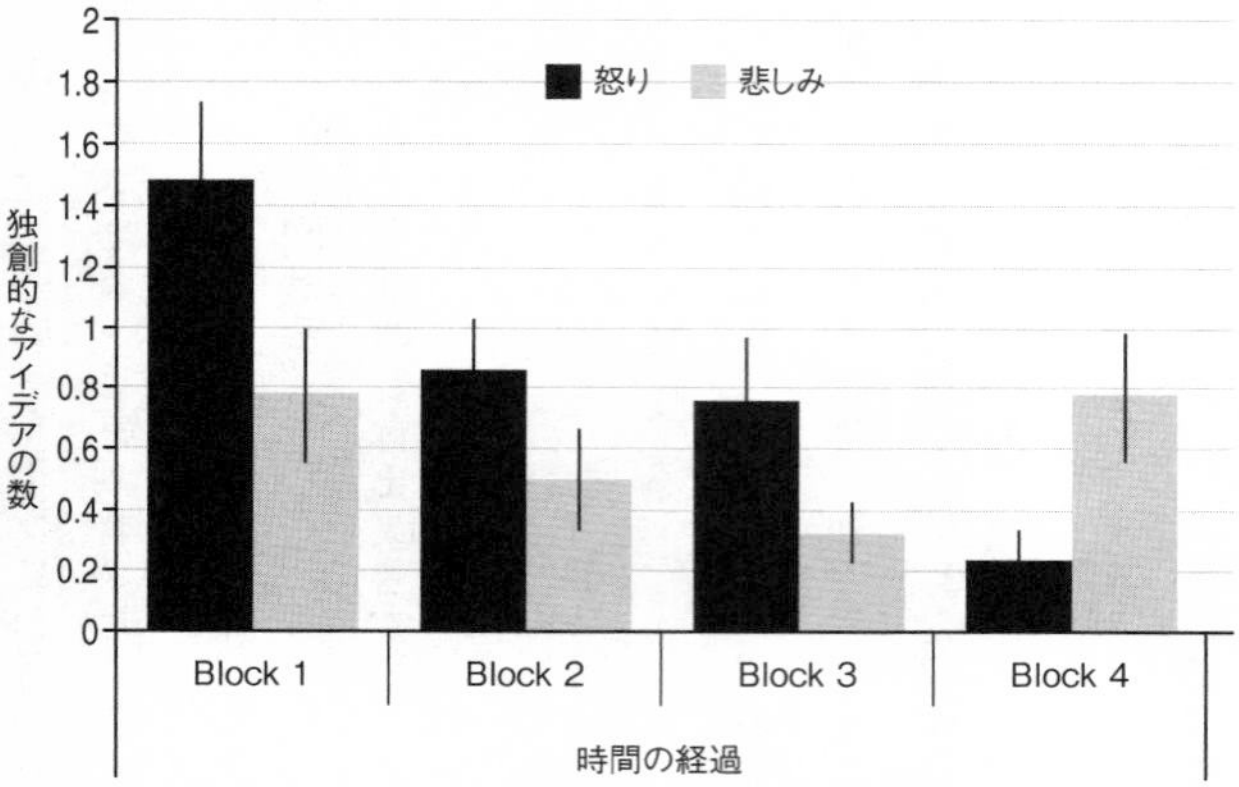

Baas, De Dreu, and Nijstad (2011) Fig.1より。縦軸は独創的なアイデアの数、横軸は時間の経過。怒っている人（黒）のほうが創造的なのは、最初だけなのがわかる。

うした仕事を行うには多くのエネルギーが必要であるため、ガス欠になると疲労感を覚え、パフォーマンスが下がってしまう。

実験において、最終的に怒った人のアイデアの数が少なくなった理由は、エネルギー消費の効率性の観点から説明されている。怒っている人は、悲しんでいる人よりもエネルギーを早く消費するため、創造的なパフォーマンスが急速に落ちる。

では、どうして怒っている人のほうが多くのエネルギーを必要とするのか。面白いことに、感情によって考えかたが違うからだと説明されている。

怒っていると、創造的な仕事をするときに、体系的にアプローチしなくなる。たとえば、教材のように講義に関する改善を考えていたと思ったら、教室のように施設について考えてみたり、ふたたび講義について考えたりする。講義や施設といったいろいろなカテゴリーを行ったり来たりするので、効率的にエネルギーを使えていない。

一方、悲しんでいる人は、体系的にアプローチする。まずは、講義の改善点を洗い出し、それが終わったら施設の改善点を考えるといった具合だ。一つのカテゴリーに長くとどまり、一歩一歩考えを進めていくため、省エネになるわけだ。

この見解に基づけば、最初は怒っている人のほうが創造的だったこともうまく説明できる。怒りは、分析を省略して、ヒューリスティックな（答えの精度が保証されない代わりに、短時間の）情報処理をするため、スタートダッシュに向いている。しかし、怒っていると、非体系的な考えによってエネルギーを浪費するので、終盤にかけてヘロヘロになってしまう。

この研究結果を実務に活かすとするならば、締め切りが迫っているときには、周囲を奮起させるように声がけをするのがいいだろう。ヒューリスティックな情報処理をする怒りは、瞬発力が高まるため、一時的な成果が見込めるかもしれない。しかし、こうした仕事の仕方をしているとすぐに疲弊してしまう。長続きはしない。

あるいはミスが許されず、慎重を期すような仕事であれば、悲しみのほうが有効に作用する。悲しみは、私たちの目を不確実性に向けさせるため、細部にこだわり、系統的に情報を分析するようになるからだ。長期的な視点で考えると、悲しい気分の人のほうがいい仕事をする分野が多いように思える。次節では悲しみに着目しながら、その効果を見ていこう。

悲しいほうが協調的になる

ポジティブな気分であると、向《こう》社会的な行動を示しやすい。向社会的とは、見返りを求めず、自発的に他人の役に立とうとすることだ。これまでの研究によると、前向きな気分であれば他人に優しくなる。

こうした結果は、グループ内の協調行動にも当てはまりそうに思える。つまり、ポジティブな気分であれば、他人の役に立とうとするので協調性が促進されるはずだ。

しかし、話はそう単純ではない。協調行動をとるかどうかは、気分によって直接決まるというよりは、仕事をどのように理解するかによって決まるという見解がある。気分によって仕事への認識が変わるので、間接的に職場での行動も変わるというものだ。

そのように考えると、ポジティブな気分であることが組織にとって必ずしもよいことではないことが、あらためてわかるだろう。

たとえば、グループ内における対人関係行動を考察したヴェストファーレン・ヴィルヘルム大学の組織・ビジネス心理学教授、グイード・ハーテルらは、グループ内での協調が乱れてその存続が危ぶまれるようなときには、悲しい気分や不安な人は率先して協力的な行動を起こすことを示している。組織の危機を救うのは、ネガティブな気分の人たちだというわけだ。

これは、四人が一つのグループとなり、タクシー会社を経営する仮想実験を行った結果だ。実験の参加者は運転手となり、持ち時間である九時間のうち、何時間をタクシーの運転に使うかを決める設定となっている。

同じグループのメンバーが多くの時間を運転するほど会社の利益は上がり、その利益は、四人で均等にわけられる。各人が一時間運転すると、二ポイントが会社の利益に加算される。一方で、さぼって運転をせずに、自分のために時間を使っても得をする。その場合、一時間につき一ポイントが自分の利得となる。

それぞれの運転手は、会社から分配される利得とさぼることとの利得のバランスをうまくとりながら、できるだけ自分の総利得を大きくしようとする。このとき、なかには他人の貢献（会社から分配される利得）を期待して、きちんと働かない人も出るかもしれない。

そうした仕事をさぼるといった極度のただ乗り（フリーライド）を戒めるために、会社の存続には、四人の運転時間の合計が八時間以上ないといけないというルールがある。その合計が七時間以下だと会社は破綻することになる。もし、会社が存続できなくなったら、これまで獲得した利得をすべて失ってしまう。

この実験に参加したのは、ドイツの大学に在籍する女子学生八〇人。彼女らは、気分（楽しい・悲しい）に基づいたグループに無作為に振りわけられる。

気分の操作は、約四分のフィルムによって行われる。ポジティブな気分のグループでは、アフリカの大草原をダチョウが歩き回る楽しいフィルムを見る。ネガティブな気分のグループでは、トラの残酷な殺害についての悲しいフィルムを見る。

その後、運転時間の決定が一二回行われる。運転時間の意思決定は、ほかのメンバーと顔を合わせることなく、コンピューター上で行われる。それぞれの回は週に見立てられており、四回目以降、ほかのメンバーの平均運転時間の情報が伝えられる。ただ、うその情報を流すことで、ほかのメンバーの協調性（協調的・非協調的）の情報を操作している。

この実験のポイントは、他人の協調（または非協調）的行動が、自分の行動に与える影響だ。実験結果に現実味を持たせるために、実験終了後には、それぞれが獲得したポイントを現金化して、その参加者に報酬として渡す。遊びとしてではなく、高ポイントを目指して真剣に取り組んでもらうための工夫だ。

では、どのような結果が得られたのだろうか。実験によると、ネガティブな気分のグループでは、ほかの人が多くの時間を運転している（協調的）と聞いたときには、自分はあまり運転しなかった。しかし、ほかの人があまり運転していない（非協調的な）ときには、自分のほうが多く運転していた。

これらの結果を見ると、ネガティブな気分の人は、合理的な判断をしていると言える。

ほかのメンバーがきちんと運転をしていれば、自分が少しさぼっても会社の存続には問題はない。そのため、あまり運転をしない。一方、ほかのメンバーがさぼっているときには、自分が運転時間を増やさないと会社自体がつぶれてしまう。それでは困るので、不公平な業務負担であってもあえて他人よりも多く運転する。

一方、ポジティブな気分のグループでは、ほかの人の運転時間に関する情報に反応して、自分の運転時間を調整したりはしていなかった。厳密に言えば、ポジティブな気分のグループにも、前述のような合理的な判断をしていた人はいるのだが、グループ全体で平均してみると、合理的な判断に基づいて行動していなかったわけだ。

違いはそれだけではない。ポジティブな気分のグループは、ネガティブな気分のグループよりも、意思決定までの時間が短いことも示されている。楽しい気分のときにはヒューリスティックに考える（論理的に解をさがすのではなく、直感的にすばやく解を求める）ようになり、逆に、悲しい気分だと体系的に情報を処理している可能性がある。

これまでの研究でも、ポジティブな気分だと楽観的に考える傾向が指摘されている。現状はうまくいっているととらえ、あまり深く考えずにほかの人の行為をまねるわけだ。一方、ネガティブな気分だと、現状に問題があるととらえ、より細部に気を配り、体系的かつ合理的に考えるようになる。こうした考えかたは、気分を情報として使う仮説（Mood as information hypothesis）と呼ばれている。

不安な人はここ一番で協調的

ハーテルらは実験をさらに一歩進め、安心感が協調行動に与える影響を考察することで、不安感がもたらす恩恵を示している。

通常、安心だと感じられる状態は、個人にとって望ましいことだ。しかし、安心感は、組織にとって必ずしもいいとは限らない。以下で示すように、不安な状態のほうが組織内での協調を促進する場合があるからだ。

この実験では、前節と同じ設定を使うが、気分ではなく安心感を操作する。一つのグループには、これから行われる実験について十分な説明をせず、なにが起こるのかわからない空気を作り、実験参加者を不安にさせる。もう一つのグループには、実験の趣旨などをきちんと説明して、参加者を安心させる。

実験の結果は前節の場合と同じく、ネガティブなグループのほうが合理的な判断をしていたが、さらに顕著な違いが示された。不安な人は、ほかのメンバーのただ乗りが増えて会社が危機的なときには多くの時間を運転したが、みんなが協力的なときにはそれほど運転をしなかった。一方、安心な人は、ほかのメンバーが非協力的なときよりも、協力的なときほど、多くの時間運転をしていた。

不安な人ほど、不測の事態の場合には危機感を感じ、不公平な業務負担を引き受けてでも行動を起こすことがわかる。ある意味、自己犠牲の精神を発揮するわけだ。

ポジティブな気分は、ネガティブな気分よりも協調的行動を促進すると考えられていたが、場合によっては、必ずしもそうでない。小さなグループ内で、お互いが依存しあい協力することが求められる環境では、チームワークが乱れたときにネガティブな気分の人たちが窮地を救うことがあるわけだ。

こうしてみると、組織の議論をするときには、不安感を含めネガティブな気分は必ずしも悪者でない。ネガティブな気分のときには、体系的に情報を処理する傾向があるため、問題に対処するには適切と考えられる。

安心（不安）感と協調行動

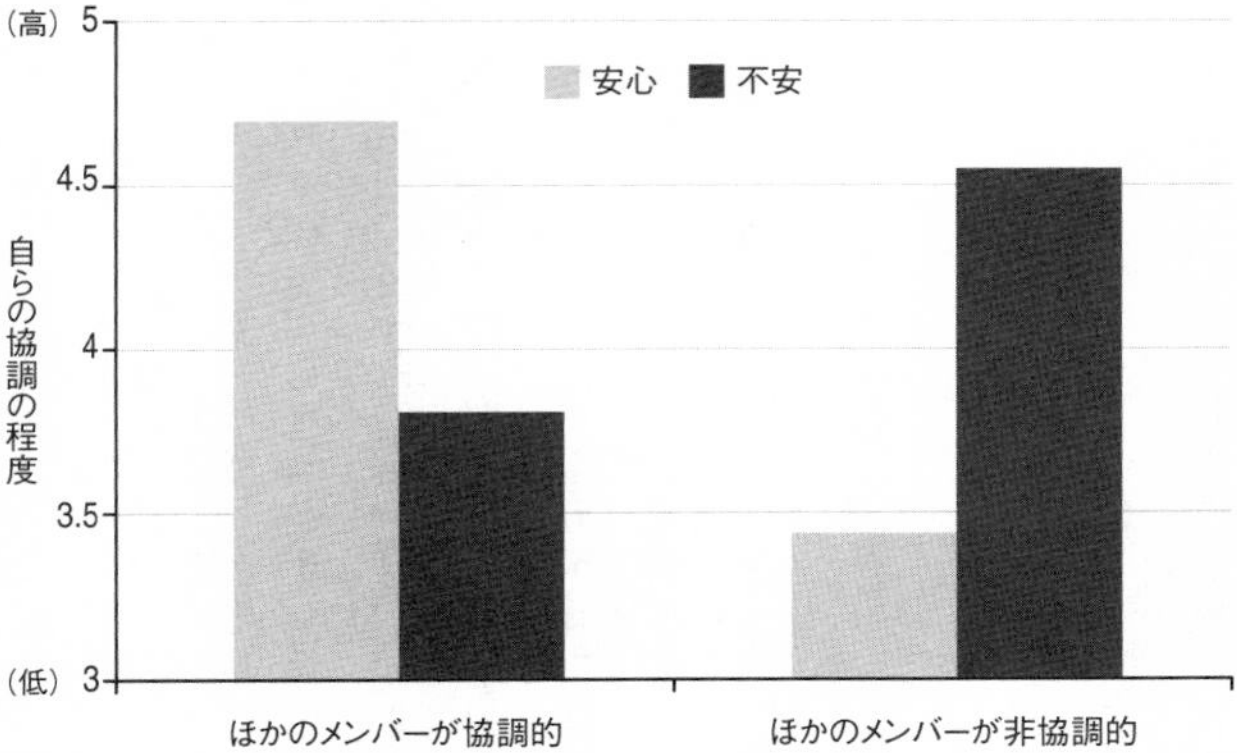

Hertel, et al.（2000）Figure3より。不安な人（黒）は、ほかのメンバーが非協調的なとき、多くの時間を運転し、ほかのメンバーが協調的なときには、それほど運転しない。安心な人は、不安な人とは逆のパターンを示している。

つまり、組織のように相互依存のある協力関係を考えるときには、気分そのものよりも、その気分から派生してどのように情報を処理するかという側面のほうが重要になるため、個人の議論のときほどネガティブな感情を否定しなくてよい。役に立つこともあるのだ。

ただ、ここでの知見は、小さなグループ内において、相互依存がある協力関係についてわかったことに過ぎない。このため、大企業のような大きな単位で見ると、違った結果も起こりうる。個人の行動如何《いかん》で、大企業全体の収益が改善するようなケースは少ないからだ。すると、合理的な判断を行う個人は協調的な行動を起こさなくなる。

また、現実世界では、メンバー間の交流がある。他人の協調・非協調行動という情報だけでなく、ポジティブで活力があるといった職場の雰囲気なども、自身の行動に影響を与えるだろう。顔は知らないがオンライン上でつながっている従業員のチームという設定が、現実にも適用できそうな事例は、いまのところかなり限られている（ただし、これからの時代、そうした働きかたは増えてくると予想する。第四章を参照していただきたい）。

一つだけ言えるのは、ネガティブな気分というのは、組織運営の観点からは必ずしも悪いことではないということだ。いずれにしても、ポジティブな気分＝協調的のような、「ポジティブ万歳」の図式でもって組織論を語ることは、話を単純化しすぎているきらいがあるだろう。

怒りでアスリートのパフォーマンスが向上

アスリートのパフォーマンスを向上させるには、感情のコントロールが不可欠と思われがちだ。なかでもネガティブな感情は一般的に否定的にとらえられる傾向がある。たとえば、ウェブサイト「日経バイオテク」でも、二〇二〇年七月八日にスポーツメンタルトレーニングにおけるポジティブ思考についての記事が紹介されている。しかし、いくつもの研究が、ネガティブな感情はパフォーマンスを向上させるとしている。

これらの研究に共通する重要な知見は、物事をどうとらえるかという自分自身の姿勢だ。アスリートにつきものの典型的なネガティブ感情の一つに不安がある。ただ、試合前の不安が、パフォーマンスを向上させると考えるか、それとも損ねるとするか、その考えかた次第でパフォーマンスが変わってくる。誰しも試合前には不安を感じるものだが、不安によってパフォーマンスは低下しないと思うだけでなく、むしろ向上するという考えかたは、良好なパフォーマンスと関連している。また、エリートアスリートほど、そのように考えている。

では、不安以外のネガティブ感情である怒りの場合でも同じことが言えるのだろうか。

理論的にはいずれの可能性もある。相手選手がわざと挑発的な行為をして、それに怒った選手が報復に気をとられると、パフォーマンスを損なうかもしれない。一方で、怒りのエネルギーをうまくプレーに反映できれば、パフォーマンスを向上させられる。

その成否はデータを使用した分析にゆだねられたが、近年の実証研究は後者を支持している。身体的接触を伴うため闘争心が重要だとされるスポーツの選手は、怒りによってパフォーマンスが上がると感じているのだ。ラグビーや格闘技（柔道やレスリング）を行うイタリア人男性アスリート一〇〇人を対象にした分析結果だ。

実験参加者は、競技中に通常どのように感じるか（怒りを感じる傾向を反映した性格）やその反応（競技中に怒りをどのように表現するか）についてのアンケートに答える。

こうしたアンケートを分析した結果、身体的接触を伴うスポーツの選手は、結構カッとなるほうであると示されている（予想どおり？）が、多くの選手が、競技中の怒りは、パフォーマンスを損ねるというよりは向上させると考えていた。怒りは、自分が持っている技術を発揮するのに役立つと思っているわけだ。

種別に比較すると、格闘家のほうがラグビー選手よりカッとなりやすく、怒りを表に出しやすい。ただ、怒りがパフォーマンス向上に結びつくと考える傾向は、個人競技よりも、集団競技であるラグビーのほうが強かった。テレビのスポーツ中継などでは、ピンチになると円陣を組んで気合を入れるシーンを見かけるが、こうした行為には意味があることになる。集団競技では、怒りは士気を高めるようだ。

また、実験参加者のうち、半分は国際経験もある高技能のプロ選手で、残りの半分は国際経験のないアマチュアだが、この両者にも違いがあった。

個人競技である格闘技では、技術の高い選手ほど競技中の怒りがパフォーマンスを向上させると考えていた。精神的鍛練ができている格闘家はうまく怒りのエネルギーを昇華できるのに対し、素人の場合には、頭に血が上って怒りに我を忘れてしまうのかもしれない。

正直なところ、この研究は十分なものとは言えない。身体的接触がある激しいスポーツを対象にした限定的な分析であり、直接体が触れないスポーツでは、違う結果が出る可能性がある。またアンケートの結果であるため当然だが、選手たちの主観に基づいており、客観的にパフォーマンスを計測した分析でもない。ましてや、ランダム化比較試験のような手法が使われているのでもない。まだまだ洗練された分析を必要とする研究なわけだ。

ただ、これまでの経験から得られた知見と一致することも多く、一概に切り捨てられないと感じる。格闘家は短気だが、熟達するほど技術だけでなく心の扱いかたがうまくなるという結果は、武道における心技体の考えかたと矛盾しない。似たようなことは、一流アスリートへのインタビューなどでもよく耳にする。

私たち人間にとって、ポジティブとかネガティブとか、いろいろな感情が湧き上がるのは極めて自然なことだ。そのとき、その感情をよいとか悪いとか判断するのではなく、むしろどうとらえるか。こういった考えは、魅力的なだけでなく、一理あるとも思っている。

身体的な活動を伴う分野では、感情を抑制するのではなく、うまく取り扱うことで成果につながる可能性があると言えるだろう。

怒りは効果的に情報を伝達する

最近の論調では、怒るなどのネガティブな感情を示すリーダーはよくないとされているが、必ずしもそうとは言えない。

たとえば、軍事教練の教官はいつも怒っていて、訓練生に厳しく規律を教え込もうとするが、そのやりかたは一定の評価を受けている。落ちこぼれの生徒が東京大学を目指す人気漫画シリーズ『ドラゴン桜』に登場する教師、桜木建二を見てもわかる。彼の指導はニコニコした温和な指導とは対極にあるが、きちんと成果を出している（ちなみに桜木には実際のモデルがいるとされ、まったくのフィクションでもないようだ)。

そして、科学的にも、怒っている先生のほうが学習効果が高まる場合があることが示されている。効果的な指導方法に対する関心から研究を行ったアムステルダム大学の学者らが、大学生を対象にした実験結果だ。

では、どのような研究によって、その結論を導いたのだろうか。少し詳しく見てみよう。

最初の実験は、平均年齢が二〇・七歳である四五人の大学生を対象にしており、その九割が女性だ。六文字の意味のない単語と六文字の意味のある単語の組み合わせを載せたリストを手渡されて、一五分間読んだあと、それぞれの組み合わせがリストにあったかどうかを確認する予備テストを受ける。記憶力を試されるわけだ。

その結果は、訓練を受けた俳優が演じる先生に送られ、先生は学生に標準化された学習の秘訣《ひけつ》を伝える(つまり、どの学生にも同じことを教える)のだが、この際、先生の感情表現が違う二つのグループにわけられる。

一つのグループでは、先生はしかめっ面をして、怒った口調でイラついた動きをしながら学習指導をする(怒りのグループ)。もう一つのグループでは、先生は元気よく、しばしば微笑《ほほえ》みながら熱心な口調で指導をする（幸せのグループ）。ちなみに、学生には本当の成績（予備テストの結果）は教えない。こうした工夫によって、二つのグループ間の学習効果の違いは、先生の感情だけに起因するように設定される。その後、学生はリストを家に持ち帰り、毎日最低五分以上、単語の組み合わせを暗記するように指示される。そして、一週間後、ふたたび同じテストを受験する。

すると、怒っている先生に指導された学生のほうが、幸せな先生に指導された学生より、テストの成績がよかった。また、自宅で学習した時間については、怒っている先生に指導された学生のほうが若干長いものの、二つのグループで統計的に有意な差はなかった。つまり、成績に差が出たのは学習時間のせいではなく、先生の接しかただったことになる。

特筆すべきは、学生たちは、怒っている先生には温かさが感じられないだけでなく、有能な先生でないと回答していたことだ。実際の成績は、怒っている先生に指導された学生のほうがよかったのに、学生による先生の評価は真逆という皮肉な結果となっている。

余談だが、こうした結果は私が大学生を教える現場の体感と一致する。大学では、授業アンケートを通じて先生の評価を行っているのだが、人当たりのよい先生は評価が高い傾向にある。学生の好き嫌いによる感情的な反応がストレートに表れるわけだ。また私の経験でも、講義内容を易しくしたり、学習範囲を狭めたりして、学生と友好的（?）な関係を築いた学期には、好意的な評価を得られるが、期末試験の採点をしていてガッカリしたことも多い。成績が振るわないのだ。怒っている先生に指導された学生のほうが、テストの成績がよいという研究結果に通じるものがある。

話を元に戻そう。これらの研究結果は、先生の感情表現がなんらかの情報を学生に伝えた可能性を示唆している。たとえば、ＥＡＳＩ理論（Emotions as Social Information：社会情報としての感情理論）によると、先生による怒りの表現は、もっとよい成績を期待するという合図を学生に送るのに対し、幸せの表現は、現状の成績が十分だという合図として学生に解釈される。

この実験では二つのグループで学習時間に差がないことから、こうした合図を受け取った学生になんらかの変化が生じた可能性が高い。たとえば、怒った先生の指導を受けた学生のほうが奮起して、漫然とした学習ではなく集中した学習をしたのだろう。

実は、アムステルダム大学の研究では、こうした推測を検証するために別の実験も行われている。

制御焦点理論：促進焦点と予防焦点

もう一つの実験は、最初の実験よりも少し複雑な設計で、目標への接近法を導入している。取り入れたのは、制御焦点理論（Regulatory focus theory）という動機と目標達成の方法の関係についての理論で、コロンビア大学心理学部教授のエドワード・トリー・ヒギンズによって一九九七年に提唱された考えかただ。

目標への接近法には二種類あり、①「なにかを獲得したいという動機によって目標に向けて努力する促進焦点」（獲得に焦点を当てる）と、②「なにかを失わないように目標に向けて努力する予防焦点」（損失回避に焦点を当てる）にわけられる。たとえば、いろいろなことが知りたいと思って勉強するのは前者の接近法（促進焦点）であるのに対し、単位を落とすのが嫌だから勉強するのは後者の接近法（予防焦点）となる。

これまでの研究によると、作業の内容と目標への接近法がうまく適合していると、目標が達成されやすいことがわかっている。できるだけ多くの組み合わせを暗記するという最初の実験での学習内容は、知識を獲得する促進と関連する作業だ。また、先生の怒りの表現は、もっとよい成績を期待するという合図を学生に送っており、学生の目標達成は促進焦点と位置付けられる。

つまり、最初の実験で怒っている先生に指導された学生のほうがよい成績だったのは、作業の内容と接近法が適合していたからである可能性が高い。一方、作業内容と接近法が適合していないと、よい結果が出ないと考えられる。

そこで、九〇人の大学生（九割が女性で、平均年齢が二〇・五歳）を①「テスト結果が良好であれば単位認定をするが、間違いが四〇％を超える場合には単位認定をしない」（予防焦点グループ）と、②「テストを受けると単位が認定されるだけでなく、正解が六〇％を超える場合には、追加の単位を認定する」（促進焦点グループ）の二つのグループにわけ、比較した。

学生は、意味のない単語と意味のある単語の組み合わせを載せたリストを五分間読んだあと、リストにあった意味のない単語とペアになっていた意味のある単語を記入する予備テストを受けてから、怒った（または幸せな）先生からそのフィードバックを受ける。そして、フィードバックを参考にして暗記作業が終わった学生は、ふたたびテストを受験する。

この実験による結果は予想どおりのものとなった。促進焦点グループでは、怒っている先生に指導された学生（作業の内容と目標への接近法が適合）のほうが、幸せな先生に指導された学生よりテストの成績がよかった。しかし、予防焦点グループでは、怒っている先生に指導された学生のほうがよい成績というわけではなかった。

この研究は、（ときには感情をあらわにする）厳しい指導が必ずしも悪くないことを示している。学習内容や目標によっては、優しい先生より、ドリルサージェント（鬼軍曹）のほうが教育効果は高いわけだ。たとえば、知識の習熟に努め、資格を取得したり希望の学校に入学したりするような場合が相当する。

では、怒鳴りつけて教育すればよいかというと、もちろんそういうわけでもない。教えかたの良《よ》し悪《あ》しは、学習内容にもよるからだ。この研究のように、暗記などの単純な学習（つまり、基礎学習）には、厳しい指導のほうが教育効果を発揮する可能性が高い。

一方で、論理展開や創造性などを必要とする高度な学習にも同様の効果があるかは不明だ。先生から怒りの合図を受け取った学生は視野が狭くなり、創造的なアイデアを思いつかないかもしれない。むしろ、自由な思考を促すように、リラックスさせるほうが効果的だと思われる。

また、年齢や性別によっても、効果的な指導法が違ってくるだろう。今回の実験参加者は、女子学生が中心だったが、小学生や中学生でも同様の結論が得られるかは、きちんと検証しないといけない。

いずれにしても、画一的な教育法が絶対でないことだけは確かだ。ポジティブ心理学のブームによって、いかなる分野でもポジティブな感情は成果をもたらす、と受け止められているきらいがあるが、必ずしもそうではない。また、怖い先生に対する学生の評価は低くなっており、データ上は怖い先生は優しい先生より無能だと判断されてしまいがちだが、決してそんなことはない。学習効果という観点からは、怖い先生の指導には一理あるのだ。

心配性が有利な金融業

指導的な立場においてネガティブな感情が有用なのは、学校の先生だけではない。企業の管理職も含まれる。イギリスの大手金融機関に属する世界的証券会社に勤める管理職を対象にした研究によると、心配性な気質は、職場での良好なパフォーマンスと関係があった。金融関係に勤めるかたは、周囲を見回してなるほどと思われたかもしれない。

注意力や自制が求められる職場環境では、不安は大事な働きをする。病的ではない不安であれば、適切に計画を立てたり、行動を律したりするのに役立つからだ。計画性や自制は、専門職の仕事で成功を収めるには大事な要素だろう。

こうした仮説を検証するために、ホワイトカラーの金融関係者を対象にした研究が行われた。自発的に研究に協力した実験参加者六八人のほとんどは男性（七六％）で、平均年齢は四二歳。その多く（六九％）は、現職について四年以内であった。

管理職としての能力（パフォーマンス）は、上司による評価、質問票に対する自身の回答、潜在的な昇進可能性の三つから総合的に判断される。また、性格に関しては、計画性があるかや、細部に注意を払うかなど、職業と関連した要素を測っている。

さらに、言語的推論テストと数値的推論テスト（言語的なひらめきや数値的なひらめきを試すテスト）で、認知能力を測っている。通常、このテストの高得点者は知的活動が優れているとされ、入学試験や入社試験に使用されることもある。

分析の結果、認知能力が高い人の場合には、心配性であるほど管理職としてのパフォーマンスが良好であったが、認知能力の低下とともにこうした関係性は見られなくなった。因果関係がきちんと解明されているわけではないが、認知能力が、不安な感情と金融独特の職場環境におけるパフォーマンスを仲介しているのではないかと推測されている。些細《ささい》な変化にも敏感に反応し、あらかじめ危険を回避するといった具合だ。たとえば、住宅価格の変調に気がついた時点で手堅く所有株式を売却すれば、バブル崩壊などによる株価暴落の大損失を被らない。

不安はしばしば否定的にとらえられている感情だ。誰にとっても心地よいものではない。しかし、緻密な作業を伴うだけでなく、事前準備が欠かせないような職種では、不安に駆り立てられた行動によって、職務がスムーズに遂行される可能性がおおいにある。繊細な人だからこそ、アンテナに引っ掛かる情報もあるのだ。ネガティブな感情もまったく無意味ではなく、功を奏する職種があることがわかる。

このように、個人の議論と組織の議論では、幸せやポジティブ感情への評価は大きく変わる。ネガティブな人が組織の役に立つことがあるからだ。もし、あなたがネガティブな人であれば、自分を否定する必要はないし、あなたの周りにネガティブな人がいるのであれば、そうした人たちのよいところを見てほしい。気がつかないかもしれないが、組織にとっては縁の下の力持ちだったりするのである。

ネガティブな感情は悪いものではない

本章では、否定的に思われているネガティブな感情が、組織にとっては好ましい場合を見てきた。ネガティブな気分のほうが、デザインや技術開発で創造的になったり、ネガティブな気分の人のほうが、組織の危機に直面したとき協調的な行動をとったりする。怒りを表すことで交渉が有利に進んだり、怒りを感じることで一時的に創造的になるだけでなく、アスリートであればそのパフォーマンスが向上したりもする。そして、怒っている先生に指導されるほうが暗記科目の学習効果は高いし、金融機関のような職場では、認知能力の高い管理職は、不安を感じているほど有能だ。

従業員を幸せにすることで組織も恩恵を受けるというスタンスが流行《はや》ったときもあった

が、いつの間にか「従業員を幸せにしなければならない」といった強迫観念のようになっている風潮も無きにしもあらずだ。

しかし、従業員の幸せと言ったときにポジティブな感情に固執する必要はないし、そもそも日々の生活にはいずれの感情も伴うのが現実だ。

たしかに、ネガティブな感情は、文字どおり気持ちよいものではない。ただ、ポジティブ一辺倒だけではなく、ネガティブな感情を受け入れようとしたり、ネガティブなほうがよいこともあると考えたりすることが増えてきたように感じる。

とくに、組織にとっては、ネガティブな感情が恩恵をもたらすこともある。本章を振り返ってみると、あらためてそうした当たり前のことに気づかされる。

第二章まとめ

◎仕事が正当に評価され、自分の感情が認識できる状態では、不安は創造性を向上させる
◎認知能力が高い人は、心配性であるほど、管理職としてのパフォーマンスが良好
◎力関係の強い人は、怒ることで交渉が有利になる
◎最初から怒っているよりも、途中から怒り出すほうが、よい交渉結果を導ける
◎途中で怒り出すほうが一貫して怒っているよりも、よい印象をもたれる
◎怒ると一時的に創造的になる
◎身体的接触を伴う競技のアスリートは、怒りでパフォーマンスが向上する可能性がある
◎暗記のような学習では、怒っている先生に指導された学生のほうが高い学習効果を示す
◎ネガティブな気分の人は、組織の存続が危ぶまれるとき協調的に行動する傾向がある
◎ネガティブな気分の人は、ポジティブな気分の人より慎重に考える

第三章　マインドフルな従業員

マインドフルネスは自己啓発だけではない

マインドフルネスという言葉を聞いたことがあるだろうか。スティーブ・ジョブズなど海外のビジネスエリートが実践しているという触れ込みで、日本でも浸透しだしたものである。そうしたイメージから自己啓発の一種のように感じる人も少なくはないだろう。しかし組織論においても、マインドフルネスの研究や実践は盛んに行われている。

たとえば、すでにグーグルやフェイスブックなどの有名企業が、マインドフルネスを研修に採用している。とくに、グーグルのチャディー・メン・タンはエンジニアでありながら、マインドフルネスを取り入れた研修プログラム「サーチ・インサイド・ユアセルフ」

を開発し、一躍脚光を浴びた。また、「ハーバード・ビジネス・レビュー」（二〇一九年四月五日掲載）によると、日本のヤフーでも、二〇一六年からマインドフルネスの体験会やプログラムを行っているそうだ。

そもそも、マインドフルネスが流行り出した背景の一つには、行きすぎたポジティブ思考追求に対する反動があったように感じる。ポジティブ心理学の隆盛とともに、ポジティブに考えればすべてうまくいくといった風潮が広まっていた時期もあったが、やがて、その限界も指摘されるようになった。そして、ネガティブな感情や思考もすべてダメなわけではなく、第二章で見たようにネガティブな感情が有用な場合もあり、ポジティブもネガティブもどちらも自然な感情だという考えかたに変化してきている。

マインドフルネスにはどのような効果が期待できるのだろうか。また、科学的な根拠のあるものなのだろうか。本章では、マインドフルネスについて紹介するとともに、学術研究を取り上げながらマインドフルな従業員が組織に与える影響について見ていく。

マインドフルネスとは「価値判断をしない」こと

そもそも、マインドフルネスとはなにか。直訳すると「心（マインド）が満ちていること（フルネス）」だろうか。幸せに生きるための工夫としてよく耳にはするが、パッと見にはわかりにくい概念だ。一般的には、価値判断をせずに、一瞬一瞬に意識を向けることだと定義されている。キーワードは「現在」だ。目の前のことに集中していない状態であるマインド・ワンダリング（心がさまよっている状態）の反対と考えればわかりやすい。みなさんも、会議に参加しながら夕食の献立を考えたり、講義を受けながら週末の予定を思案したりすることがあるだろう。これらは、マインド・ワンダリングの一例だ。私たちは、起きている時間の半分近く、こうした状態にある。

実は、心ここにあらずで意識が現実に向いていないと、不幸な気分になることがわかっている。マインド・ワンダリングの状態では、目の前にある現在以外のこと、つまり、過去や未来について考えている。

では、私たちの意識が現在にないと、どうして不幸な気分になるのだろう。身近な例を挙げて説明しよう。たとえば、過去の失敗を思い出して気分が落ち込むことがないだろうか。これは、記憶が作り出す妄想に苛《さいな》まれている状態だ。現在には存在しない出来事を思い返して、クヨクヨしているに過ぎない。また、「将来○○してしまったらどうしよう」と心配して不安になることも多いのではないか。これは、起こるかどうかもわからないことを妄想し、勝手に悩んでいるわけだ。

このため、過去や未来ではなく、現在に注意を向けると、必要のないネガティブな思考や感情に陥りにくくなる。いま起こっている事実を客観的に観察するように努めるマインドフルネスが、「いまを生きる」と言われるゆえんだ。幸せへの第一歩として、きちんといまを生きようという考えかたなのである。

では、マインドフルになるためには、どうしたらよいのだろうか。通常、マインドフルネスの訓練には、瞑想《めいそう》が使われることが多い。坐禅《ざぜん》瞑想や歩行瞑想、ボディースキャンなどが典型的な瞑想法だ。

坐禅瞑想はイメージしやすいだろう。僧侶が坐禅を組んでいるような感じだ。静かな場所でリラックスして、軽く目を閉じながら呼吸に意識を集中する。歩行瞑想では、歩くときに、足の裏の感覚や足の上げ下げの動作に意識を向ける。また、肌を切る風や空気の匂いを感じたりする。

なんか宗教っぽいと思うかもしれない。原始仏教にルーツがあるマインドフルネスの概念は、禅や東南アジアのヴィパッサナー瞑想を経て、現代のマインドフルネスに組み込まれたという経緯があるからだろう。

ただ、現代のマインドフルネスは、宗教性を排除して実践されている。仏教に帰依するわけでもないし、山にこもって厳しい修行を積むわけでもない。日常生活と両立しながら、瞑想やヨガなどの方法を利用して訓練を行うのが一般的だ。

マインドフルネスには、ポジティブ心理学のようなほかの手法とは違う特徴がある。

それは、価値判断をしないこと。悩みや苦しみは、よい・悪い、正しい・間違いという価値判断に起因するからだ。たとえば、人はこうあるべきだと思っていると、そのように振る舞えない自分をふがいなく感じて、自分自身を責めてしまう。

そのため、マインドフルネスでは悩みや苦しみといったネガティブな感情が湧いても、無理にそれを抑圧しない。心が反応するのは自然だし、感情に善悪や正誤はない。ありのままの現実を受け入れることで、かなり気分が楽になる。

ただし、悩みや苦しみなどの感情が解消されるわけではない。ただ、身の回りの出来事に過敏に反応しなくなり、以前よりも動揺しなくなる。すると、悲観的に考えなくなるわけだ。

こうしてみると、マインドフルネスでは、ポジティブ心理学が提唱したようにポジティブに考える努力をするわけではないことがわかる。幸せに対するアプローチが、ポジティブ心理学は攻めであるのに対し、マインドフルネスは守りといったところであろうか。同じ幸せでも、かなり違うのである。

いろいろなマインドフルネスの訓練法

マインドフルネスの訓練は、おもに心身の問題に用いられてきた。こうした研究に基づいた主要な療法には、以下の三つがある。

まず、一九七〇年代にマサチューセッツ大学医学大学院名誉教授のジョン・カバットジンによって開発されたマインドフルネス・ストレス低減法（Mindfulness-Based Stress Reduction：ＭＢＳＲ）。八週間にわたるプログラムでは、瞑想やヨガなどを組み合わせた訓練を行う。慢性の痛みなどの緩和を目的に開発されたと言われ、身体の問題にその有効性が認められている。

その後、トロント大学心理学部教授のジンデル・シーガル、オックスフォード大学マインドフルネスセンター名誉上級研究員のマーク・ウィリアムズと元イギリス医学研究評議会会員のジョン・ティーズデールによって、一九九〇年代にマインドフルネス認知療法(Mindfulness-Based Cognitive Therapy：MBCT)が開発された。MBSRに基づいて開発されたMBCTは、うつ病の治療を目的としており、心理療法である認知療法に瞑想を取り入れている。マインドフルネス認知療法には、うつ病の再発予防効果が認められている。

最後の、マインドフルネスに基づいた心のフィットネス訓練(Mindfulness-Based Mind Fitness Training：MMFT)は、ジョージタウン大学外交政策・国際関係大学院教授のエリザベス・スタンリーにより開発された方法だ。その焦点は過酷なストレスへの対処で、軍人のように非常に強いストレスにさらされる人のパフォーマンスを改善し、精神的回復力(レジリエンス)を向上させることを目的としている。二〇〇八年から軍隊への適用実験を開始し、その効能が示されている。

こうしてみると、マインドフルネス・ストレス低減法を基本に、目的に応じた若干の改良がなされて、それに応じて呼称も替えられている。ただ、現在では、いずれの方法も幅広い分野で使用されており、特定の文脈を除いては、それほど厳密に区別する必要はないようだ。

たとえば、マインドフルネス・ストレス低減法は、ストレスの緩和にも有効だ。マインドフルネス・ストレス低減法を行うと、脳がストレスに過敏な反応をしないように変化するという研究がある。また、免疫機能が強化されるとか、遺伝子発現に影響してがんの進行を抑えるといった可能性も指摘されている。いろいろな効能が提唱されているわけだ。

いずれにしても、マインドフルになることが重要なのであって、マインドフルになるための訓練方法は一つではないのである。

このように、マインドフルネスは心身の健康に寄与するとされるが、その効能は個人の日常生活における文脈で検証されることが多く、職場における効能については、あまり研究されてこなかった。そもそも、マインドフルネス自体についての研究論文は、二〇〇五年以降になって急速に増え始めたものだ。そのため、応用分野での研究がほとんどなかったのは当然と言える。

しかし最近の研究を見てみると、マインドフルネスは、経済学では幸福の経済学（行動経済学や神経経済学の一分野）、心理学では産業心理学、経営学では組織行動論などの分野から注目を集めている。それは、従来の研究では見過ごされていた新しい視点を提供するからだ。経済学では、金銭的な要因で生産性や利益の向上を議論するのが主流だったが、心穏やかに働くという非金銭的な要因による効能が認識されるようになった。心理学では、ポジティブ思考だけを追求することの限界が指摘されていたし、経営学でも、仕事の満足度のような古い指標や全体的な幸福感だけでは十分な議論ができない論点（燃え尽き症候群の抑止など）があったが、マインドフルネスの研究は、これらの問題を解決する手がかりをくれる。

ここではそうした研究を参照しながら、マインドフルネスを通じて個人が幸せになることにより、その個人が従業員として属する企業組織にもメリットがある可能性を見ていく。

マルチタスクの弊害と集中瞑想の効果

スマホやタブレット端末などの電子機器の普及により、eメールやチャット、ビデオ会議のようないろいろなツールを同時に使いこなしながら仕事を行うマルチタスクが一般的になった。現代のビジネスシーンでは、マルチタスクはごく当たり前の日常的光景だ。

しかし、マルチタスクによる負の側面を指摘する研究は多い。たとえば、注意力や学習力の低下がそうだ。人の注意力には限界があり、すばやく作業を切り替えないといけないマルチタスクでは、正確に業務をこなすことが難しくなる。みなさんも、次から次へといろいろな仕事が舞い込んできて忙しいときほどミスをしがちだ、という経験があるのではないだろうか。作業の切り替えがうまくいかなければ、マルチタスクによって作業効率が下がるわけだ。

このため、マルチタスク時の業務遂行を分析する研究では、作業中にじゃまが入ることで、作業内容を切り替えないといけないときに着目する。その結果、じゃまが入るとストレスが増すだけでなく、マルチタスクを重用する人（重度のマルチタスカー）ほど情報の取捨選択がうまくできないことがわかっている。つまり、適切に業務をこなせないわけだ。

そんななか、マインドフルネス瞑想は、マルチタスクによる問題を改善するのではないかと言われている。気を散らさずに一つの作業に集中するだけでなく、感情の起伏を制御できるようになるためだ。さらに、マインドフルになることで、作業効率が上がるだけでなく、ストレスにもうまく対応できるようになるかもしれないと期待されている。
ワシントン大学情報学部教授のデービッド・レビーらは、マインドフルネス瞑想に期待どおりの効果があるかどうかを、マルチタスクの実験によって検証している。対象はサンフランシスコおよびシアトル地域で働く人事部の管理職。実験に参加する全員が心身共に健康な女性だ。
実験参加者は、三つのグループにわけられる。

グループA：マインドフルネスに基づいた瞑想について、八週間にわたる講座を受講。
グループB：待機リストに載せられ、八週間の待機後、グループAと同じ八週間にわたる講座を受講。
グループC：八週間にわたり、体をリラックスさせる訓練を行う。

各グループには一二人から一五人が割り振られており、その平均年齢は四四歳から四五歳。グループ間で、年齢や学歴に大きな差は見られない。

グループA（またはC）の参加者は、週一回、二時間のマインドフルネス瞑想（または体のリラックス）を専門家から指導される。家で行う宿題もある。

ちなみに、マインドフルネス瞑想の実践にはいろいろなものがあるが、大まかに二種類に分類される。注意を集中する集中瞑想（focused attention meditation）とありのままを受け入れる洞察瞑想（open monitoring meditation）だ。

集中瞑想では、呼吸に意識を向ける。途中でほかのことを考え出したら、ふたたび吸ったり吐いたりすることに意識を戻すようにする。もちろん、呼吸以外に意識を向けるのでも構わない。おなかなどの体の一部に意識を集中させたり、頭のてっぺんから足の先までをスキャンしたりして、皮膚の感覚に集中したりする方法もある。月をイメージしたり、単語を繰り返し唱えたりして、意識を集中することもある。こうした瞑想を行うことで、集中力の向上が期待できる。

一方、洞察瞑想では、注意をひいたものに気づき、価値判断を加えず、その注意を手放す。たとえば、自分の呼吸や雨音に注意を向けていたときにその注意がそがれても、注意力が散漫でいけないとは否定せずに、そうした状態に気がついてそれを受け入れる。どのようなものも自分の思いどおりにはならないことを体感して、呼吸や聴覚をコントロールしようという思いを手放すことで、受容的で落ち着いた状態になる。期待される成果は、次々と起こる外部からの刺激に対して、過剰に反応しなくなることだ。

今回のマインドフルネス瞑想の指導では、集中瞑想が中心だ。これに対し、グループCのリラックスの指導では、息を吸ったときにおもな筋肉を緊張させ、吐いたときに弛緩《しかん》させて、緊張を和らげることを学ぶ。対照群であるグループBに比べて、グループAやグループCの人たちの反応がどの程度違うかを見るわけだ。

実験では、仮想の事務職業務を行う。これには、会議のスケジュール調整や会議の告知、議題の草案作りだけでなく、おやつの間食が含まれている。業務に必要な情報は、eメールやインスタントメッセージ、電話、対面（ドアをノック）によって伝達される。

そのなかで、参加者はマルチタスクに直面する。書類、コンピューターのスクリーンから、電話、対面まで、次々と切り替えないといけない。こうした煩雑な業務を行う際、適切な時間に会議をセッティングしたかなどの項目により、業務の正確性が判定される。ま

持続時間（集中力）の向上

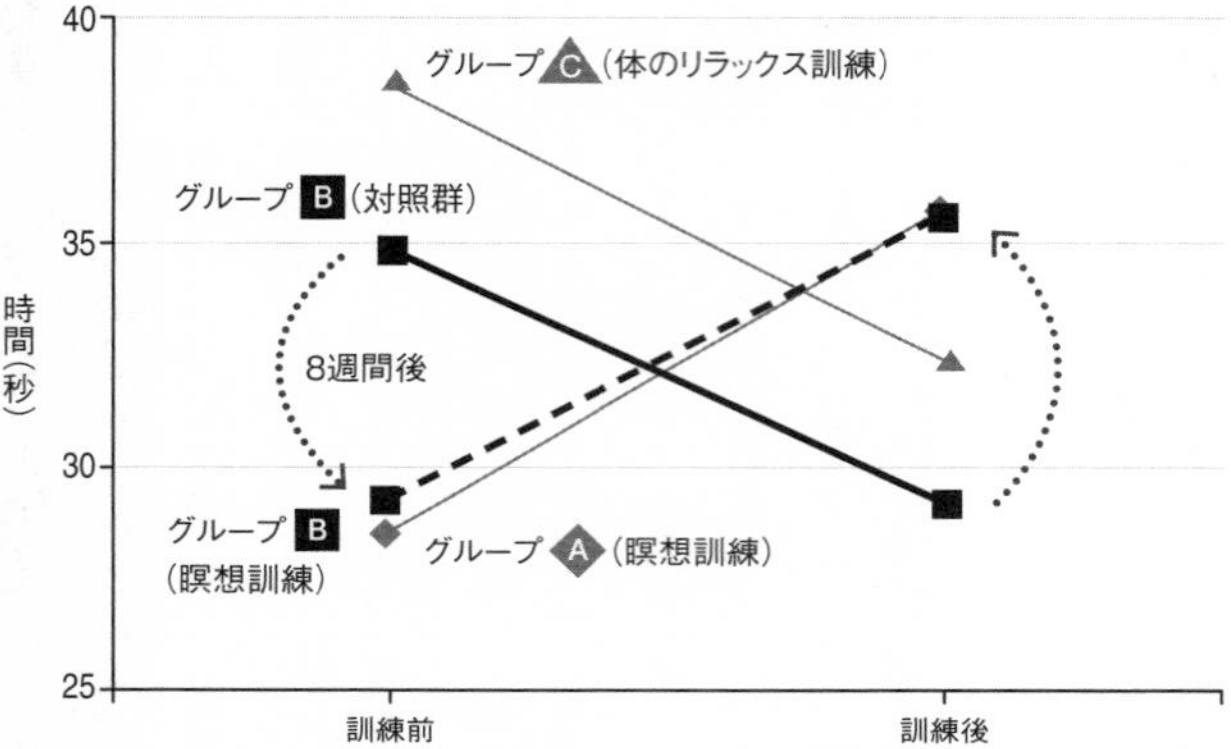

Levy, et al.（2012） Figure3より。横軸は時間軸（訓練前、訓練後）、縦軸は時間（秒）。瞑想は一つの作業にかける時間を増やす。訓練前後を比べると、瞑想の訓練を受けた人（グループ A）は、一つの作業にかける時間が増えていたが、それ以外のグループ（グループB とグループC）では、逆に減っていた。また、8週間後にグループ Bの人たちにもマインドフルネス瞑想を受けてもらう〈グループB （瞑想訓練）〉と、一つの作業にかける時間が増えた。違うグループでも、瞑想の効果が認められることになる。

た、マルチタスク実験の直後に、業務内容の細部について記憶をテストする。会議参加者の名前や食べたおやつの名前を覚えているかをチェックするのだ。

実験の結果、瞑想の訓練を受けた人は、ほかのグループの人に比べて、作業を頻繁に変えることなく、一つの作業に長い時間従事し、業務後に悲観的な感情を報告しなくなっていた。つまり、マインドフルになることで、集中力が増すだけでなく、精神的にも安定することになる。

実務的にも示唆に富む実験なので、それぞれの効果について、少し詳しく見てみよう。

まず、マインドフルネス瞑想には、次から次へと作業を変えるタスク・スイッチングを減らす効果があった。瞑想の訓練を受けた人は、作業の変更数が減っていたが、それ以外のグループでは変更数の減少は見られなかった。つまり、ある仕事をやっている途中で、別の仕事に変え、さらに別の仕事に移るというようなことを頻繁にはしなくなるわけだ。

こうした効能は、マインドフルネス瞑想のおかげと考えられる。集中力がない人は、ちょっとしたじゃまにすぐ反応して気が散ってしまう。そして、そのたびに、作業を変えたりする。集中瞑想の訓練をした人は、気が散らないようになったため、タスク・スイッチングが減り、一つの作業の持続時間が増えたのだろう。

業務上のストレスの軽減

また、この実験のように、いろいろな業務をこなすとストレスがかかる。マルチタスク実験後には心理テストが行われ、ネガティブな気分で、イライラし、消耗していることが確認されている。しかし、訓練前後を比べると、瞑想の訓練を受けた人は、それ以外のグループの人よりも、ネガティブな感情が増えていなかった。瞑想によって、ストレスにうまく対応できているということになる。

違いはそれだけではない。瞑想の訓練を受けた人（と体をリラックスさせる訓練を受けた人）は、訓練を受ける前に比べて、自分が行ったマルチタスク業務の細部に関する記憶力が改善していた。なにもしないグループBでは、記憶力の変化は見られない。記憶力の向上は、ストレスの緩和と関係しているだろう。ストレスが増えると、記憶力が低下することが知られている。この見解は、マインドフルネス瞑想だけでなく、体をリラックスさせる訓練でも、同様な効果が見られたこととも一致する。これまでの研究で、両方ともストレスの低減効果が認められているからだ。

こうした結果を総合すると、マインドフルネス瞑想を通じた訓練によって、集中力や記憶力が増して、マルチタスクによる問題を改善する可能性があると言える。ただし、期待どおりの結果ばかりでもなかった。全体的な業務の正確性については、グループ間による差異は認められなかった。瞑想の効果がなかったことになるが、実験では作業時間が二〇分という短時間だったことが一因かもしれない。

日々の業務を遂行する現実では、ストレスが恒常的となり、作業ミスを起こしやすくなる。これまでの研究でマインドフルネス瞑想にはストレスを緩和する効果があると知られているので、現実世界のように長期間ストレスにさらされる環境下では、落ち着いて作業に従事するという瞑想の効果が表れる可能性は大きいと思われる。もちろん、きちんと証明するには、長期間にわたる業務を対象にした検証が求められる。

また、この研究では、実験参加者を無作為に振りわけていないという問題もある。しかし、集中や記憶にかかわる人の注意力が、マインドフルネス瞑想によって向上する可能性を示唆していることには変わりない。八週間経過後にグループB（対照群）の人にも瞑想の訓練を受けてもらったところ、やはり、その効果が認められているからだ。実験の細部には改良が必要な部分があるものの、丁寧な検証が行われており、たいへん興味深い研究である。

ここまで、マインドフルネスが個人のパフォーマンスに与える影響を見てきた。次からは、企業に恩恵をもたらす可能性を、離職率から考える。例に挙げるのは、日本でも人手不足が懸念される飲食業だ。商品やサービスに理不尽な要求をしたり文句を言ったりするモンスターカスタマーの映像がワイドショーをにぎわせた時期もあったが、こうしたたいへんな環境で働いている従業員の離職率の高さや精神衛生のケアは重要な問題だ。厚生労働省が公表する雇用動向調査結果の概況によると、二〇一八年における宿泊業、飲食サービス業の離職率は二六・九%で、全体の離職率一四・六%と比べて倍近い。産業別の離職率で見ると、最も高い離職率を示す。こうした業種におけるマインドフルネスの効果について見ていく。

情熱や熱意では業績は上がらない?

従業員によって、職場におけるマインドフルネスの程度は違う。ある人は目の前の作業に集中している(マインドフルネス)かもしれないが、別の人は仕事と関係ないことを考えている(マインド・ワンダリング。たとえば、夕食の献立などを思案すること)かもしれない。こうした状態の違いが、仕事の業績に影響を与えることは想像に難くない。

具体的にはどのような影響として現れるのだろうか。

この点に関して、それぞれの従業員が職場でマインドフルネスの状態にある程度を測ることで、彼らの業績や離職意向との関係を考察した研究がある。マインドフルネスは、認知的柔軟性を改善したり、注意力散漫を防いだりするので、業績がよくなると考えたわけだ。また、マインドフルネスだと、ストレスの多い困難な状況にも、前向きに取り組んだり、落ち着いて対処したりするため、仕事を辞めようと思うことが減る可能性がある。

ライス大学経営大学院准教授のエリック・デーンらは、アメリカ南西部にある七つのチェーンレストラン店で働く九八人の従業員を調査して考察した。調査対象の約半分（四三人）は男性、ほとんどが白人（七七人）で、大卒も四分の一（二四人）いる。平均年齢は二六・五歳だ。

従業員がどれほどマインドフルネスの状態であるかは、「現在起こっていることに集中していることが難しい」などの項目に対する回答（Mindful Attention Awareness Scale：MAAS：マインドフルな注意と気づきの尺度）を使って測られる。離職意向は、いくつかの項目に一（まったくそうではない）から五（非常にそうである）までの尺度で答える。

従業員のパフォーマンス（業績）は、レストランのマネージャーにより、一（ひどい）から五（素晴らしい）までの尺度で評価される。ただ、優秀な従業員ほど、顧客が多くて忙しいセクションを担当させられる傾向があるので、忙しさの程度を調整した分析を行う。評価に当たったマネージャーのうち半分強が男性で、その多く（三分の二）は大卒である。彼らの平均年齢は三九・一歳となっている。

分析の結果、職場においてマインドフルな従業員ほど業績がよく、そうでない従業員ほど離職しようと考えていた。マインドフルな従業員ほど、マネージャーの目から見てよく働いており、離職しようとはしない。従業員の離職率が高いと新人の教育費用がかかってしまうことを考えると、マインドフルな従業員は、企業にとって望ましい存在であると言える。人手不足に悩む飲食業にとっては参考になる事例だろう。

この研究では、ワーク・エンゲイジメント（Work Engagement）を導入した分析も行っている。ワーク・エンゲイジメントとは、従業員が仕事に充実感を感じ、勤労意欲が高いような心理状態のことで、心の健康度の指標とされることもある。ワーク・エンゲイジメントは、活力・熱意・没頭という三つの側面にわけられる。活力は、精力的に働くだけでなく、嫌なことがあっても精神的に回復して仕事に取り組める程度を測る。熱意は仕事から誇りや激励を得られている程度を測り、没頭は仕事に深く集中する程度を測っている。

これまでの研究で、ワーク・エンゲイジメントが高いと業績がよく、そうでないほど離職意向のあることが示されている。その要素を合わせて分析しようというわけだ。

一見これは、マインドフルネスと同じであるように思える。ただ、マインドフルネスとワーク・エンゲイジメントでは、業績や離職意向に与えるメカニズムが違う。

たとえば、ワーク・エンゲイジメントは組織への愛着を通じて、離職意向を左右する。これに対し、マインドフルネスは、自己をうまくコントロールしたり、落ち着いて出来事を認識したりするようになる。つまり、ストレスにうまく対処できるようになるため、離職意向に影響を与えると考えられている。

では、ワーク・エンゲイジメントを取り入れた分析はどうなったのだろう。異なる二つのメカニズムが作用しているのであろうか。

なんと、ワーク・エンゲイジメントによる業績への影響を考慮した分析を行っても、職場においてマインドフルな従業員ほどパフォーマンスがいいことに変わりはなかった。マインドフルネスの影響は頑強であると言える。

驚くべきことはそれだけではない。実は、業績向上には情熱や熱意が最も重要だという考えに一石を投じる結果となっていた。この事例に関する限り、ワーク・エンゲイジメントは従業員のパフォーマンスとは関係がなかったのだ。つまり、従業員の情熱や熱意によって、その業績は上がらない。サービス業のような接客では、ワーク・エンゲイジメントの重要性が低下し、マインドフルなことのほうが重要ではないかと指摘されている。

一方、離職意向については違う結果となっている。ワーク・エンゲイジメントの要素を調整すると、職場においてマインドフルでない従業員ほど離職意向があるとは言えなくなった。その代わり、熱意の程度が高いほど離職意向が低かった。離職意向に関しては、仕事への誇りや激励が大事ということになる。

こうしてみると、マインドフルネスやワーク・エンゲイジメントの有効性は、その目的によって変わるようだ。ストレスが多いサービス業に従事する従業員のパフォーマンスを向上させるには、マインドフルネスの重要性が高い。一方で、離職率を下げるためには、ワーク・エンゲイジメントのうち、仕事から誇りや激励を得られるような環境が効果的と言えよう。

では、マネージャーは、マインドフルネスに至るような訓練を職場で施すべきなのか。

残念ながらこの研究からだけでは、はっきりとしない。一時点のデータを使った分析（クロスセクション分析）のため、因果関係についてはわからないからだ。結論を出すには、マインドフルネスの訓練を行ったグループとそうでないグループの業績や離職意向を比べる必要がある。次節以降では、そうした研究について見ていこう。

マインドフルネスで仕事の満足度が上昇

サービス業での人手不足が言われて久しいが、その要因の一つは接客の煩わしさであろう。モンスターカスタマーに見られるように、商品やサービスに対して文句を言って、理不尽なまでの要求をする顧客もいるからだ。

サービス業のように対人関係が重要で、心労のかかる仕事では、従業員が心理的に疲弊し、仕事の満足度が低くなる。そんななか、マインドフルネスはこうした問題を緩和すると期待されている。ジョージア工科大学心理学部教授のハワード・ワイスとコロラド大学経営大学院教授のラッセル・クロパンツァーノによって提唱されたアフェクティブ・イベンツ理論（Affective Events Theory：ＡＥＴ）というものがあるのだが、それに基づくと、マインドフルネスが仕事の満足度を改善する可能性を示唆しているのだ。

アフェクティブ・イベンツ理論を直訳すると感情的出来事理論となるが、この理論では、仕事での出来事が従業員の感情的な反応を引き起こし、その反応によって、仕事の満足度が予知できる。顧客に怒鳴られたときの反応は人によって違ってくるが、その反応を観察することで、仕事の満足度がわかるわけだ。たとえば、ちょっとしたことで顧客に怒鳴られたときにたいへん悲しく感じていれば、仕事の満足度が低い、といった具合だ。

そこで、マインドフルネスの出番となる。職場での出来事でストレスを感じるかどうかは、出来事（顧客に怒鳴られた）だけではなく、その出来事をどう評価するかにもよる。

マインドフルネスでは、自分自身と出来事を切り離し、その評価をしない。たとえば、顧客に侮辱されても、自らの失敗の出来事に対する侮辱であり、自分自身への侮辱ではないと、自分自身とは切り離して考える。また、こうした場面に遭遇したときには、悲しかったり、怒りを感じたりするかもしれないが、そうしたネガティブな感情を観察して受け入れる。

こうしたマインドフルネスの訓練を通じて、ストレスを引き起こす出来事を客観視する

（主観的な価値判断をやめる）と、たいへんな仕事でもストレスを感じにくくなり、仕事の満足度が改善する可能性がある。ストレスにうまく対応できるようになるわけだ。

マーストリヒト大学の学者らの研究によると、マインドフルネスの訓練は、仕事の満足度を改善し、感情的消耗感を減らすという。また、こうした関係は、表面的な演技である感情制御によって仲介されている可能性を指摘している。

表面的な演技とは、実際の感情を変えることなく、表面に現れる感情表現を変えることだ。たとえば、つらいときにもそれを顔に出さない。顔で笑って心で泣いて、というやつだ。

この研究では、無作為に、マインドフルネスを自主学習するグループとなにもしないグループにわけて、その効果を比較している。六四人の参加者のうち、一八人が男性で、平均年齢は三八・六歳。職種は、教師、ソーシャルワーカー、幼稚園の先生、医者、接客、看護師など神経を使う職業で、平均勤続年数は九年となっている。

実験では、マインドフルネスを一〇日間自主学習するグループ（介入群）に対し、なにもしないグループ（待機になっており、マインドフルネスの自主学習は、実験終了後に行われる）

は対照群となる。

自主学習には、ボディースキャンやレーズンを味わって食べる訓練、慈愛の瞑想などが取り入れられている。ボディースキャンは、全身の感覚に注意を向ける訓練で、レーズンを味わって食べる訓練では、細かな味わいを通じて気づきの感覚を養う。

マインドフルの程度は、前節でも出てきたMAASを使って測られる。たとえば、「無意識のうちになにかをしているのに気づくことがある」という項目に、一（まったくそうではない）から五（非常にそうである）までで回答する。

同様に、職務に関連した感情制御（表面的な演技）は、「仕事中に本当の感情を出さないようにした」「本当の気持ちとは裏腹に感情を偽ってみせた」などの項目に対する回答によって測っている。

これらの回答から、表面的な演技が、マインドフルネスと感情的消耗感や仕事の満足度との関係を仲介する役割を果たす可能性を探っていくわけだ。

するとどうだろう。期待どおりの結果が表れた。学習の効果が表れそうな実験五日目から一〇日目のデータを使って分析すると、マインドフルネスの自主学習をしたグループは、そうでないグループより、感情的消耗感が減少し、仕事の満足度が上昇していたのだ。

マインドフルネスの自主学習はよい結果をもたらしていたが、面白いことに、感情的消耗感の減少と仕事の満足度の上昇では、その経路に違いが見られた。職務に関連した感情制御（表面的な演技）という間接的な経路は、感情的消耗感を緩和させていたが、仕事の満足度とは無関係であった。表面的な演技は、感情的消耗感の緩和と強い関係がある。

この分析は、マインドフルネスの自主学習がわずか一〇日でも、効果がある可能性を指摘する。短期間の自主学習にもかかわらず、驚くべき結果だ。

ただ、専門家の指導のもと、もう少し長い期間の訓練による効果を検証しなければ、本当に信頼に足るものか心配なかたもいるだろう。本節で紹介したのは心理学的アプローチを使用した研究であるが、マインドフルネスと感情的消耗感については、もう少し長い期間にわたる訓練の成果を分析した医学的アプローチを使用した研究もある。次節では、そうした研究について見ていこう。

ストレスからすばやく回復する

ストレスの多い職場は望ましくないが、ストレスが避けられないような業種も存在する。命のやり取りをする現場で働く軍人や警察官、消防士などはその一例だ。その業務は、恒常的なストレスと切り離せない。

繰り返しストレスにさらされる職場では、うまくストレスと付き合うことも必要になってくる。ストレスをため込まないようにしないと、自身の健康を損ねたり、仕事に差し支えたりするからだ。たとえば、イラク戦争を舞台にクリント・イーストウッドが監督した映画『アメリカン・スナイパー』(二〇一四年)では、PTSDに苦しむ兵士の姿が描かれているが、アメリカではかねてから従軍兵士のPTSDが社会問題になっている。

このため、ストレスからの回復は、個人のみならず、組織的にも取り組むべき重要な課題の一つとなっている。こうしたなか、近年になって解決策として注目されているのがマインドフルネスだ。

アメリカ海軍健康研究センターのサイエンス・オフィサー、ダグラス・ジョンソンらの研究によると、マインドフルネスの訓練が、ストレスからの回復を助けるとしている。カリフォルニア大学サンディエゴ校などの複数の研究者たちとの共同研究だ。

実験は、二〇一一年に現役の海兵隊員を対象に行われた。配属前の歩兵小隊に所属する海兵隊員が、無作為に、マインドフルネス訓練を受けるグループ（一四七人）と通常の軍事教練だけを受けるグループ（一三四人）にわけられる。介入群で使用されるのは、マインドフルネスに基づいた心のフィットネス訓練（ＭＭＦＴ）だ。訓練を受けるグループは、指導を八週間にわたって二〇時間受けるだけでなく、毎日三〇分以上の自主訓練を宿題として行う。

長期にわたるストレスに直面する人のために開発されたＭＭＦＴでは、呼吸や心拍、痛みなどに対する感覚への気づきを重視する。視覚、聴覚や触覚などを外受容性というのに対し、呼吸や心拍、痛みなどに対する感覚を内受容性という。注意を制御して、内受容性への気づきを増幅させ、いまこの瞬間の困難な経験に対する寛容性を養う訓練となっている。

こうしてマインドフルネスの訓練を積んだあと、たいへん厳しい戦闘訓練が行われた。

しかし、ＭＭＦＴの訓練を受けた人は、ストレスの負荷からうまく立ち直っていた。ストレスがかかると、生理学的指標である心拍数や呼吸数が多くなるが、ＭＭＦＴの訓練を受けた人のほうが、その回復が早かった。ドキドキやハーハーが早く収まるのだ。

また、ｆＭＲＩ（機能的核磁気共鳴画像法）を使って脳のスキャンを見てみると、ＭＭＦＴの訓練を受けた人のほうが、ネガティブな感情の表情を見せられたときに、右側の島皮質の反応が弱かった。脳の島皮質は、感情のコントロールや内受容性の機能を調整する重要な部位であることがわかっている。ＭＭＦＴによって、脳がストレスに対して過敏に反応しなくなったと考えられる。

このように、この研究では、ＭＭＦＴの効能が示されている。ＭＭＦＴにより、戦闘訓練で受けたストレスの回復が促進されていたからだ。マインドフルネスの訓練を行うと、高いストレスのもとでも、ストレスの蓄積をうまく回避できることを示唆している。

こうした成果は、命を預かる医師など、ほかの職業にも適用できそうだ。失敗が許されない緊迫した状態で業務を遂行するという点では、軍人や警察官、消防士などと同様の業務だからだ。ここからは医療従事者を例に取り上げながら、マインドフルネス訓練の可能性について見ていこう。

燃え尽き症候群が改善？

二〇〇九年に小池徹平主演の『ブラック会社に勤めてるんだが、もう俺は限界かもしれない』という映画があった。これは二〇〇七年、インターネット掲示板「2ちゃんねる」（現5ちゃんねる）の書き込みをもとに生まれた同名の書籍を映画化したものだが、日本で「ブラック企業」という言葉が定着して一〇年以上たっている。ブラック企業とまでは言わなくても、日々の過労やストレスによる心身の疲労に悩んでいる人は多いだろう。一日が終わるとクタクタな日の連続。なんのために生きているのか、わからなくなってしまうこともあるのではないか。そんな毎日を変えてくれるかもしれないヒントがある。

ロチェスター大学医学・歯学部教授のマイケル・クラスナーらの研究チームによると、マインドフルネス瞑想を含んだプログラムを受講することによって、精神的な苦悩や燃え尽き症候群が改善するという。これは業務で消耗し、高水準の苦悩を抱えることが多い医師についての実験結果だ。どこの国でも医師はたいへんな職業のようだ。二〇〇七年から二〇〇八年にかけて、ニューヨークのかかりつけ医七〇人（うち男性三八人）を対象としている。

医師の燃え尽き症候群は、ストレスによる健康問題や自動車事故、配偶者や家族との不和などプライベート面だけでなく、仕事面でも医療の質の低下（医療ミスや訴訟の増加・患者の医療サービスへの満足感低下）という問題を引き起こす原因となる。もし、燃え尽き症候群が改善できれば、被雇用者（従業員）だけでなく雇用主にもメリットがある。

そこで検証されたのが、①「マインドフルネス瞑想」（集中や気づきを養う）、②「対話による医療」（医師の人間性や感性を追求）、③「アプリシエイティブ・インクワイアリー」（意義や長所を認めるような問診）の三つを柱とした教育プログラムだ。

ちなみに、アプリシエイティブ・インクワイアリーは、人材開発や組織活性化の手法の一つとして経営学でよく使われているので、聞いたことがある人もいるだろう。質問を通して個人や組織のいいところに焦点を当て、強みを活かした人材活用などを行い、成果を上げようというものだ。ケース・ウエスタン・リザーブ大学のクーパーライダー教授らによって提唱された。

プログラムでは、坐禅瞑想や歩行瞑想、ボディースキャンから、ヨガのようなエクササイズをしたり、いろいろなテーマ（たとえば、仕事で心地よかった・不快だった経験とそれが患者との関係に与えた影響など）について考えたりする機会が与えられる。

こうした訓練を、週二・五時間、八週間にわたって行うだけでなく、その後、月二・五時間のメンテナンスを一〇か月にわたって行う。医師の精神状態は、どのくらいマインドフルな状態であるかを測る質問などによって測定される。

すると、プログラムの受講によって、疲弊していた医師たちの精神状態が改善することがわかった。献身的な努力が報われないという徒労感（燃え尽き症候群、感情的な疲労）や、感覚が麻痺《まひ》して患者を人ではなくモノのように感じることが減ったのだ。こうした改善が、マインドフルネスの程度を測る指標の改善とも相関があることから、クラスナーらは、マインドフルネスがいい効果をもたらした可能性を指摘している。

もし、燃え尽き症候群の改善に役立つのであれば、厳しい職場環境である職業には、マインドフルネスを促進する試みを積極的に取り入れることが推奨される。

しかし、本当のところはどうなのだろう。マインドフルネスが燃え尽き症候群を改善する根拠として、この研究が取り上げられることがある。実は、この研究成果を解釈するにあたっては、いくつかの注意が必要だ。

まず、この実験では参加者のプログラム開始前後の変化を分析しただけなので、本当に効果があったかどうかはわからない。もしかしたら、自発的に実験に参加した医師たちはプログラム内容に肯定的であるため、その恩恵を受けている可能性があるからだ。効くと思っていれば、実際に効いてしまうことがある。いわゆるプラシーボ効果というものだ。

提供されたプログラムの効果に懐疑的な人たちには、その効果がない可能性もある。このように実験に参加した人たちの性質が、そうでない人たちの性質とは違う状況から生じる問題は、セルフ・セレクション・バイアスという。実験に参加するかどうかという自己選択（セルフ・セレクション）により、分析対象であるサンプルの性質に偏り（バイアス）が生じる。すると、プログラムの効能をきちんと評価できない。

こうした問題を避けるには、きちんとした検証方法（ランダム化比較試験：実験参加者を無作為に介入群と対照群にわけて分析する）によって、プログラム介入の効果を公平に測定する必要がある。自発的ではなく、無作為に実験を受ける人たち（介入群）と実験を受けない人たち（対照群）にわけて、その効果の差を比較しないといけないのだ。

問題はまだある。このプログラムはいろいろな手法を組み合わせているため、その効能はどれから得られたかがわからない。運動によるストレス緩和作用はよく知られているので、ヨガのようなエクササイズが効いたのかもしれない。それとも、単に、同じような悩みを抱える人たちが一緒にいただけで功を奏したのかもしれない。つらいのは自分だけではないと思うと、肩の荷が下りることもあるからだ。

さらに、このプログラムは、相反する理念の手法を組み合わせており、どの理念が効果的なのかもわからない。マインドフルネスでは、よいとか悪いなどの価値観を持ち込まず、あるがまま受け入れることが強調される。一方、アプリシエイティブ・インクワイアリーは、物事のよい側面に焦点を当てることを強調する。価値観が持ち込まれているわけだ。この両者では基本理念が異なる。

つまり、厳密には、この研究ではマインドフルネスが燃え尽き症候群を改善したとまでは言えず、あくまで両者に相関がある程度に過ぎない。

そうは言っても、実務的には、あまり厳しく理念の相違を意識しなくてもよいのかもしれない。厳密な意味で科学的根拠が提供されているとは言えないが、ほかのマインドフルネスに関する研究成果とも合わせて考慮すると、ある程度の効果は期待できそうである。

ヨガとマインドフルネスで医療費を削減

ストレス過多の従業員は、健康を損ないやすい。これまでの研究で、過度なストレスにより、心血管疾患（心臓と血管の病気）、がん、糖尿病、うつ状態、疲労感、肥満、筋骨格痛になりやすいことが示されている。ストレス過多の従業員は、そうでない従業員に比べると、生産性が下がるだけでなく医療費もかさむという研究もあり、職場でのストレス管理プログラムの重要性が認識されている（こうした状況は海外だけではなく、日本でも、大和総研によって健康経営度調査の結果が発表され〈二〇一四年九月二五日〉、従業員の健康管理の重要性は認識されつつも、その健康促進対策は不十分であると報告されている）。

では、どのように対処すればよいのか。職場でのストレス管理のために提唱されているプログラムはいくつかあるが、最近の流行りは瞑想やヨガを用いたものだ。このため、ヴァンダービルト大学理学療法・リハビリテーション学教授のルス・ウォレバーらは、職場でのストレス管理として二つのプログラムの効果について検証した。治療的なヨガに基づいたストレス管理プログラムと、マインドフルネスに基づいたストレス管理プログラムだ。ヨガのプログラムの検証で使用されたスタイルはヴィニヨガと呼ばれ、アーサナというヨガの体位や呼吸法などによって、ストレスの管理方法を学ぶ。個人それぞれのニーズに合わせるヨガが特徴だ。一方、マインドフルネスを用いたプログラムでは、仕事に関連するストレスやワーク・ライフ・バランスに焦点を当てて、マインドフルネスの訓練を行う。

それぞれのプログラムは、週一時間、一二週間にわたって職場で行われる。さらに、マインドフルネスのプログラムでは、一〇週目に二時間の集中訓練も行われる。実務面を意識し、訓練が負担にならずに、職場で続けられるプログラム設計となっている。

実験参加者は、自発的に志願した保険会社に勤める二三九人の従業員。その二三%が男性で、平均年齢は四三歳、大部分（七二%）が大卒か大学院卒だ。また、全員が過度なストレスを訴えている。ちなみに、過度なストレスとは、知覚されたストレス尺度（Perceived Stress Scale：PSS）の結果が一六以上と定義される。

なお、実験では、ヨガや瞑想の経験者は除外されており、初心者が参加者として選ばれている。新たに訓練することによる効果を見るためだ。

参加者は、無作為に三つのグループに振りわけられる。プログラムの効果を検証するために、九〇人はヨガ、九六人はマインドフルネスのプログラムを受講する。フィットネスクラブなどのリストを受け取るだけで、ストレス管理のプログラムを受講しない五三人は、効果があったかどうか検証するためのベースラインとなる。プログラムを受講しない人（対照群）に比べて、受講した人（介入群）に変化があったかどうかを見るわけだ。

訓練前のスタートラインは同じだ。性別や学歴、婚姻から年間家計所得だけでなく、検証の対象となる変数（実験前の睡眠の質など）にも、グループ間の差異は認められていない。

しかし、一二週間にわたる訓練後には、グループ間で違いが見られた。

マインドフルネスのグループは、なにもしないグループより、ストレスの知覚が減り、睡眠の質が改善していた。同様な結果が、ヨガのグループにも見られた。また、両者の有効性に違いはなく、いずれかのほうが効果的ということはなかった。おおむね予想どおりの結果だった。

また、自律神経のバランスにも改善が見られた。マインドフルネスのグループは、なにもしないグループより、訓練前よりも心拍振動の一貫性が増していた。同様な結果が、ヨガのグループにも見られた。ストレスへの反応が緩和されたと考えられる。

こうしてみると、企業が提供するストレス管理プログラムによって、保険金請求のような医療費が低下する可能性がある。この実験参加のために審査された従業員が、過去一年に提出して認可された医療請求（保険会社に対する医療申請）を見ると、知覚されたストレス尺度と医療費に強い正の相関があった。このため、ストレス管理プログラムを通じて、ストレスが低減するのであれば、医療費の請求が下がるかもしれない。この実験の舞台となった保険会社にはメリットのある話だ。

しかし、期待どおりでなかった結果もある。この実験では、うつ状態の症状の改善は見られなかった。ここでのうつ状態は、セスデー（The Center for Epidemiological Studies Depression Scale：ＣＥＳ－Ｄ：うつ病〈抑うつ状態〉自己評価尺度）で測られた前の週の落込んだ感情や行動を意味する。

これは、これまでの研究で示された一般的なヨガやマインドフルネスとは違う結果だ。いくつもの研究がヨガを取り入れたマインドフルネス訓練によって、うつ状態を改善するとしているからだ。ヴィニヨガや仕事に焦点を当てたマインドフルネスというプログラムの特殊性が影響しているのかもしれないが、さらなる検証が求められている。

マインドフルなリーダーがもたらす影響

これまでの研究を概観して、従業員がマインドフルだと、組織の業績にいい影響があることがわかった。では、マインドフルな人は、職場にいるほかの人にどのような影響を与えるのだろう。たとえば、上司がマインドフルであれば、部下たちのパフォーマンスもいいのだろうか。

ここでは、上司と部下のような個人間の影響を見ていこう。「マインドフル・リーダーシップ」といって、マインドフルネスの観点から、新しいリーダーシップの手がかりを紹介する。

通常、効果的なリーダーシップは、リーダー（上司）とフォロアー（部下）の関係性に大きく依存する。上司が部下とぎくしゃくしていれば、どんな素晴らしいリーダーシップのテクニックを導入しても、その効果は半減するだろう。

そこで、マインドフルネスの出番だ。マインドフルネスは社会関係を促進するとされる。このため、上司と部下の関係性を改善し、部下の厚生やパフォーマンスにいい影響があると推測される。

実は、シンガポールで行われたオンライン調査に基づいた研究によると、こうした推測はデータによって裏打ちされている。いろいろな業種（サービス業、金融業、教育、製造業など）から、自発的に参加した管理職とその部下を対象にした分析だ。二つの調査が行われたのだが、両者とも、管理職の平均年齢は四〇歳前後、その半数強は男性で、大部分（七割から八割）が中国系だ。現在の組織での平均勤続年数は一〇年弱、管理職歴は平均約七年から八年となっている。

管理職（リーダー）のマインドフルネス度は、「自分が現在していることをあまり意識することなく自動的に行動している」などの項目から測られる。これに対し、部下の感情的な疲弊度は、「仕事が終わったあとにはクタクタである」などの項目から測られる。上司が評価するこの部下の全体的な仕事の成績は、標準より上・標準・標準より下、などの回答から測られている。

すると、マインドフルな上司の下で働いている部下ほど感情的な疲弊度は低く、仕事の成績評価が高い傾向にあった。また、「時間どおりに出勤する」「すぐに仕事を片付ける」などの項目に対する上司の回答から測った、役割のパフォーマンス評価も高くなっていた。

さらに、マインドフルな上司ほど、注意深く部下と接しているため、部下のニーズをうまくくみ取ることができる。その結果、部下の厚生を高めるだけでなく、その成績改善にも役立っているのではないかと推測されている。

ただ、この研究はまだまだ萌芽《ほうが》の域を出ていない。部下の成績評価は上司の主観であるし、クロスセクションのデータなので、因果関係の議論も十分とは言えない。上司がマインドフルになれば、部下の成績が上がるとまでは言い切れないのだ。

だが、マインドフルネス自体が近年急速に発展している分野だ。近い将来、きちんとした分析によって同様な結果が示されるのではないかと思っている。

個人のマインドフルネスが組織のためになる

本章を振り返ってみると、マインドフルであることは、従業員だけでなく、組織にとってもいい影響があると言える。とくに、注意力を要する職場での集中力向上やストレスが多い職場でのストレス緩和に役立ち、従業員の業績も向上する可能性が高い。

ただ、マインドフルネスによる組織への影響は、これから研究が進んでいく分野だ。この章では個人がマインドフルになることの副産物として、組織にもいい影響がある可能性を指摘したに過ぎない。

そもそもマインドフルネスの本来の目的は、心の安寧を得て、よりよく生きるためのものだ。マインドフルネスの訓練は、ストレスが多いブラックな職場環境に、従業員を適応させる手段ではない。

このため、マインドフルネスを安直に利潤追求と結びつけることは本来の目的から乖離《かいり》しており、心の平和や幸福を得られないという批判もあることに留意する必要がある。

もちろん、こうした批判があるからといって、マインドフルネス自体の有用性が損なわれるわけではない。生きている限りいろいろなことがあるし、働くことは楽しいことばかりではないだろう。私たちがよりよく生きるための手助けとしてマインドフルネスがある。そして、個人が幸せになることの延長線上に組織への恩恵があれば理想的だ。

私自身は、こうした考えは単なる理想論ではないと思っている。これまでの研究で、マインドフルネスは他者への共感や思いやりを育むことが知られている。もし、マインドフルな従業員が増えれば、人間関係がスムーズになり、働きやすい職場環境がもたらされるだろう。その結果、企業業績や価値が上がる可能性は十分あるし、そのことにより幸せになる人々が増えるとしたならば、それは一種の心の平和や幸福を達成できたと言えるのだから。

第三章まとめ

◎ストレスが多い職場では、マインドフルな従業員ほどよい業績
◎マインドフルネス瞑想により、集中力が増加し、記憶力も向上
◎マインドフルネスの訓練で、仕事の満足度が増加し、感情的消耗感が減少
◎職場でのヨガやマインドフルネスの訓練で、睡眠の質や自律神経のバランスが改善
◎マインドフルネスの訓練は、ストレスからの回復力（レジリエンス）を向上
◎マインドフルネス瞑想を含んだプログラムは、燃え尽き症候群を改善する可能性がある
◎ストレス管理プログラムによって、医療費の請求が下がる可能性がある
◎上司がマインドフルであれば、部下の疲弊度は低く、業務評価は高い傾向にある

第四章　テレワーク時代の幸福な働きかた

テレワーク時代の組織論

ここまで、幸せ（ポジティブ）や不幸せ（ネガティブ）、マインドフルネスが個人や組織にもたらす影響を見てきた。そうしたことで、幸せな状況ではなくても従業員や組織にとって有益なことがあるとわかった。

本章では視点を変え、テレワーク（在宅勤務）時代の働きかた（リーダーシップ論も含む）に関する研究を中心に取り上げながら、これからの組織の在りかたについて手がかりを探る。キーワードはコロナ禍によって広まった在宅勤務、そして新しいリーダーシップの形であるeリーダーシップだ。eリーダーシップとは、リモートワークのように、離れた場所にいる部下にオンライン上で指示を出すような場合で、ｅメール（電子メール）のｅと同じである。これらの議論や研究を通じて、組織にとっての成果を上げるための条件を提示する。

当たり前だが、在宅勤務に移行すれば自動的に仕事の効率が上がったり会社の利益になるわけではない。テレワークを行うために必要な環境を、組織も従業員も整えないといけなくなり、そのためのコストや労力が必要になるからだ。また、オンラインで仕事を行う場合にリーダーに求められる態度は、部下の作業内容や性質によっても違う。リーダーの感情表現によって、グループのパフォーマンスがどのように変わるのかを見ていこう。

在宅勤務はウィン（企業）・ウィン（従業員）か

海外でその活用が進む在宅勤務。イギリスやドイツの管理職の約五〇％、アメリカでも四〇％は在宅勤務が許されているという（次ページの図）。

このように、海外で在宅勤務が進んだ背景には、在宅勤務によって期待されるいくつかのメリットがある。一つは、従業員の仕事と生活を調和させるワーク・ライフ・バランス

海外の在宅勤務状況

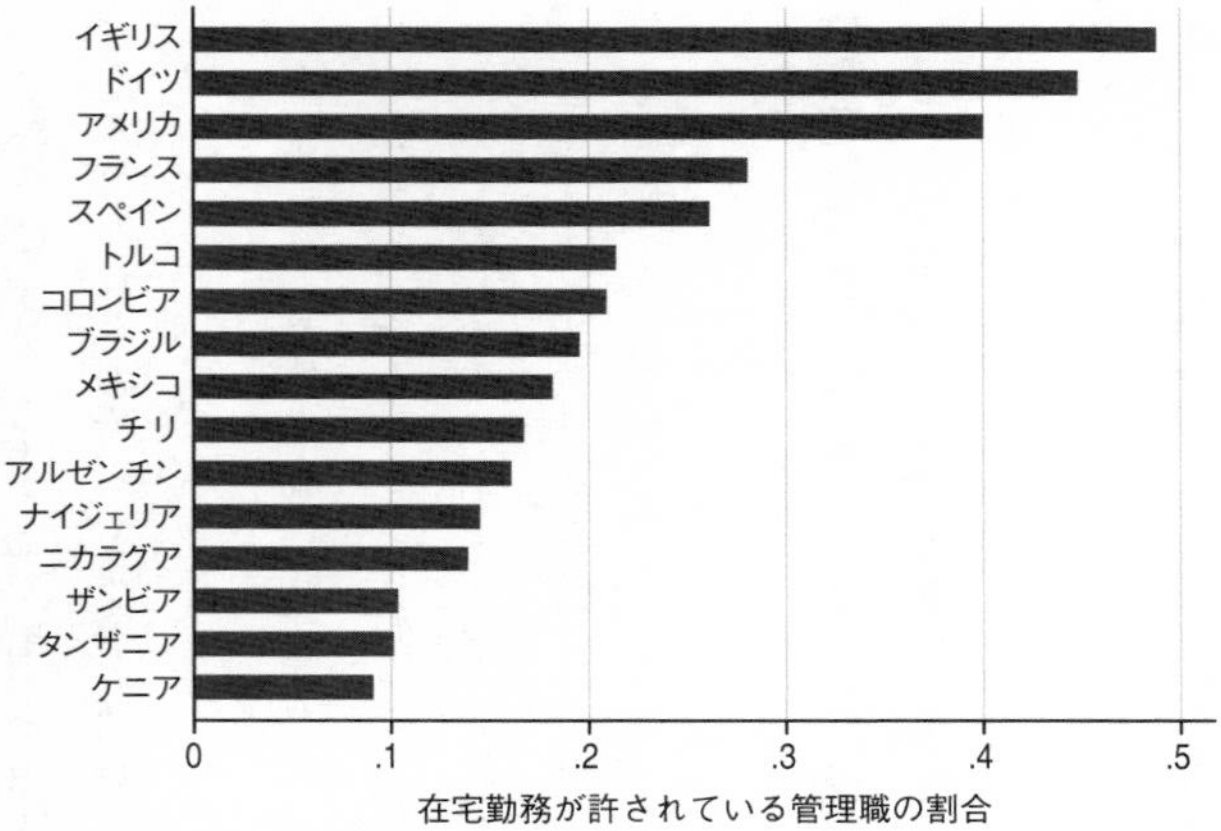

Bloom, et al. (2015) FigureⅡ より。

が改善される可能性だ。自宅で子育てや介護などを行いながら、仕事ができるようになるため、従来に比べて時間のやりくりが柔軟にできる。また、企業にとっても、オフィス賃料の節約や離職率の低下というメリットが見込める。離職の理由としてよく挙げられる長時間通勤の必要がなくなれば、離職者が減ると予想されているからだ。

こうした在宅勤務のメリットが提唱されるなか、日本でもその取り組みが進められていたが、海外ほどには普及していなかった。

しかし、コロナ禍の働きかたとして、

急に注目されるようになった在宅勤務。今後、その活用が期待される一方で、在宅勤務だとさぼるので業績が低下する、という危惧も指摘されている。とくに、上司や先輩の指導・監督が必要な若年層ほどさぼるのではないかと不安視されている。

ただ、心配は無用だ。スタンフォード大学経済学部教授のニコラス・ブルームらが行った研究によると、むしろ、在宅勤務で従業員のパフォーマンスはアップし、業績も向上する。中国の旅行会社Ctripの上海《シャンハイ》コールセンターで働く従業員を対象にした分析だ。ホテルや飛行機の予約を行うCtripは、中国での市場シェアが五〇%強（二〇一〇年時点）の大手旅行会社である。

この研究の実験対象者は二四九名。自発的に在宅勤務を希望した従業員を、無作為に、在宅勤務（介入群）か従来どおりオフィス勤務（対照群）に振りわけたのち、在宅勤務の従業員は、週四日は自宅で仕事をし、週一日はオフィスで勤務（新しいサービスの研修などのため）してもらった。従業員の平均通勤時間は八〇分と長いため、在宅勤務の実験による成果が期待された。

在宅勤務でのパフォーマンス向上

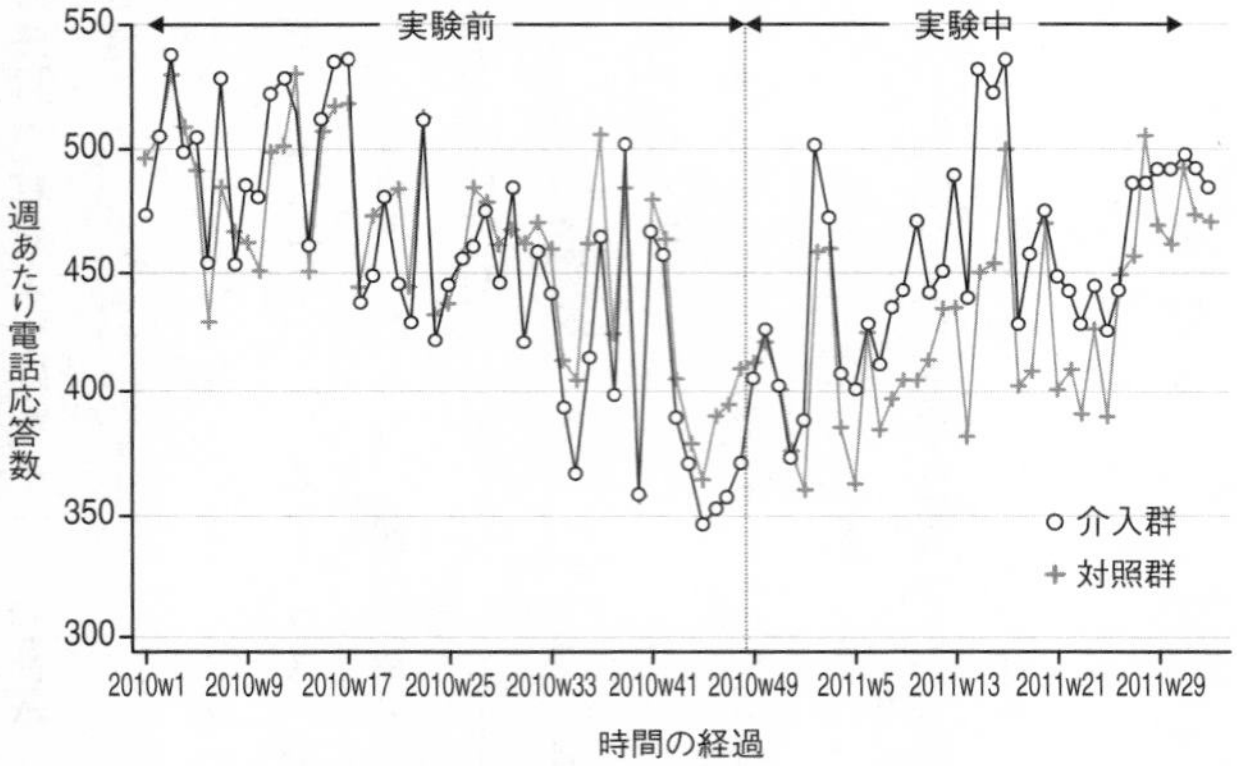

Bloom, et al.（2015）FigureⅥより。実験前には同じ水準だったのが、実験開始後には、在宅勤務者（介入群○）は、オフィス勤務者（対照群＋）と比べて、従業員1人につき、週あたり約40件多くの電話に応答している。

在宅勤務で業績アップ

二〇一〇年一二月から翌年の八月まで九か月にわたる調査をしたところ、在宅勤務の従業員は、オフィス勤務の従業員より、週あたりに応答した電話の数が一三％多かった。在宅勤務により、従業員のパフォーマンスが伸びたことになる。

そのうちの九％は、長時間働いたためであった。在宅勤務者は、休憩を減らしたり時間どおりに仕事を始めたりして、シフトあたりの労働時間を増加させていた。オフィスに通勤する場合には、天候や交通機関の状況により仕事に遅れたりするが、そうした問題が解消された結果だ。

また、オフィスでの勤務者に比べて、病欠が減ったことも労働時間の増加につながった。通勤時間がなくなり、余裕ができた時間を使って通院をするように変化していた。実験後のアンケートにより、ちょっとした体調不良であれば、在宅で勤務したこともわかっている。通勤であれば、勤務をためらわれたであろうケースだ。

パフォーマンスの向上のうち、残りの四%は、時間あたりの電話数が増えたことに起因していた。職場より自宅のほうが静かなことや気軽に水分補給できることなどから、仕事の効率が上がったためと考えられる。

それだけではない。離職率も大幅に低下した。Ctripでの離職率は年間五〇%前後と非常に高く、八週間分の給与に相当する新人研修費や採用費用の問題に頭を悩ませていた。しかし、実験が終わるころの在宅勤務者の離職率は一七%に対し、オフィス勤務者のそれは三五%となっており、在宅勤務者の離職率はオフィス勤務者の半分だった。つまり、在宅勤務は、離職を抑制する効果があったことになる。

また、パフォーマンスのよい従業員ほど離職しない傾向にあった。一方、パフォーマンスの悪い従業員ほど離職する傾向があるが、とくに、オフィス勤務者にその傾向が強かった。その理由は、転職の容易さと関連する。パフォーマンスの悪いオフィス勤務者でも、ほかのオフィス勤務の仕事なら見つけやすいが、パフォーマンスの悪い在宅勤務者は、在宅勤務を許すようなほかの仕事を見つけにくい。同じ条件で転職がしやすいかどうかが、離職率に差がついた一因だろう。

最終的には、在宅勤務の実験は驚異的な成果を上げた。企業の生産性は二〇%から三〇%改善し、在宅勤務をした従業員一人あたり年間約二〇〇〇ドル（日本円で一六万円程度。二〇一一年のレート、一ドル＝七九・八円で換算。以下同）の節約となった。こうした改善の約三分の二はオフィススペースの縮小によりもたらされ、残りは、従業員のパフォーマンスの向上と離職率の低下によるものだ。在宅勤務の導入は、企業にとって多大なメリットをもたらしたわけだ。

さらに、在宅勤務のメリットは、企業だけではなく、従業員にも享受されている。在宅勤務者の仕事の満足度は、オフィス勤務者のそれよりも高くなっていたのだ。実験前には両者に差がなかったことから、在宅勤務によって仕事の満足度が改善したことになる。また、従業員の消耗感やネガティブな感情が減り、ポジティブな感情が増えていた。まさに、ウィン・ウィンの理想的な結果である。

在宅勤務の向き・不向き

大きな成果を収めたこの実験結果に基づき、Ctrip は全社的に在宅勤務の選択制度を導入した。

面白いことに、全社的な導入にあたって、実験に参加した従業員のなかには当初の選択と違う勤務方法を選択したものも多い。実験で在宅勤務をした従業員の半分は、オフィス勤務を希望して、その勤務形態を変えた。同僚との接触がないことは精神衛生上好ましくないと感じ、在宅勤務でのパフォーマンスが悪い従業員ほどオフィス勤務に復帰する傾向があった。また、当初、在宅勤務を希望したがオフィス勤務にまわされた従業員（対照群）の三五％は、在宅勤務に切り替えた。

その結果、全社的に行われた在宅勤務の恩恵は、当初の一三％から二二％に倍増した。勤務形態への自らの適性に気がついて、職場を再配置した効果が、かなり大きかったわけだ。在宅勤務のような労務管理を採用するときには、従業員自らもどちらが好ましいか学習し、選択する重要性がわかるだろう。

つまり、単純に在宅勤務がいいとか悪いとかの話ではない。たしかに、在宅勤務によって従業員の平均的なパフォーマンスは向上する。ただ、時間的経過に伴うパフォーマンスの変遷を見ると、その効能は従業員によって違う。

実験開始後には、在宅勤務者のほうが、週あたり約四〇件多くの電話に応答した。実験前には同じ水準だったので、大きくパフォーマンスが向上したことになる。

また、実験開始後二か月から六か月にかけて、在宅勤務者のパフォーマンスがオフィス勤務者より大きく向上している。最初の二か月間は、在宅という新しい仕事の仕方に慣れる必要があったため、小幅なパフォーマンスの向上にとどまったと考えられる。

しかし、六か月を過ぎた辺りから、両者のパフォーマンスの差が縮まり始める。一つの理由として、オフィス勤務において業績の伸びない従業員は、在宅勤務で業績の伸びない従業員よりも離職しやすいことが挙げられる。すると、残ったオフィス勤務の従業員の質が上がり、彼らの平均的なパフォーマンスは向上する。

別の理由は、やる気への影響だ。数か月の在宅勤務で孤独を感じるようになった従業員もおり、彼らは労働意欲がそがれてしまった。このため、在宅勤務者の平均的なパフォーマンスが落ち込んだ可能性がある。

後者の理由に基づけば、在宅勤務が向く従業員とそうでない従業員がいることになる。一人静かな環境で仕事をするのが向く人もいれば、同僚と顔を合わせて仕事をするほうが成果の出る人もいるわけだ。考えてみれば当たり前のことだが、唯一絶対の労務管理法があるわけではない。

また、この実験で見る限り、オフィスにおいて仕事ができる従業員のほうが、仕事ができない従業員より在宅勤務に向くわけではない。「もともと仕事ができなかった従業員による在宅勤務とオフィス勤務の差」は、「もともと仕事ができた従業員による在宅勤務とオフィス勤務の差」と比べても、違いがない。実験前のパフォーマンスの違いは、在宅勤務の効果に無関係のようだ。

さらに、オフィスで仕事ができなかった従業員を在宅勤務にするとさぼるので、オフィス勤務よりパフォーマンスが下がるのではないかと心配されたが、こうした懸念は無用であった。在宅勤務の向き不向きは、オフィスでのパフォーマンスからはわからないことになる。

キャリア形成への悪影響

いいことづくしに見える在宅勤務の導入であるが、問題点も見つかった。従業員の長期的なキャリア形成が損なわれる可能性だ。チームリーダーへの昇進や上位部署への異動状況を把握するために、二四九人の昇進についてのデータを集めたところ、二〇一〇年一二月から二〇一二年九月末までに、在宅勤務組からの昇進は一七名であったのに対し、オフィス勤務組からの昇進は二三名であった。在宅勤務組のほうが少ない。

ただ、単純な数の比較では公平な判断はできない。二つのグループで個人の能力差があるかもしれないからだ。そこで、パフォーマンスの影響を調整した計量分析でも比較したが、やはり在宅勤務者の昇進率が低かった。

このため、顔の見えない従業員は過小評価される危惧がある。もちろん、在宅勤務を選択した従業員は、管理職として成功するために必要な対人関係スキルが上達しないために、昇進しないのかもしれない。昇進には在宅勤務での業務とは異なる能力が必要だからだ。

また、企業側にとっても懸念がある。在宅勤務の効果が、どのくらい持続するか不明なことだ。長期的に見て有効な戦略かどうかはわからない。とくに中国のほかの企業がこの試みを模倣し始めたら、その効果が減じる可能性はある。たとえば、離職率はこの実験ほど大幅に低下しなくなるかもしれない。従業員にとっては、在宅勤務を導入するほかの企業に移る選択肢が増えるからだ。

さらに、今回の在宅勤務の成果は、コールセンターという特殊な業務にのみ成立する可能性もぬぐえない。チームワークがいらず、ある程度一人で作業できる業務だ。顧客との対面も必要としない。それ以外の業種や職種で、どの程度まで在宅勤務の効果が表れるかは、今後の研究課題となっている。

コロナと在宅勤務

「はじめに」にも書いたとおり、本書の執筆中の二〇二〇年前半、新型コロナウイルスが世界的に流行し、各国で在宅勤務の取り組みが進んだ。これに対し、ブルームは、スタンフォード大学のウェブニュース（二〇二〇年三月三〇日付）で、こうした勤務体系が生産性を下げる可能性に言及している。

今回の彼のコメントに驚き、失望した人もいるだろう。前述のブルームらの研究は、長時間の通勤から解放され、よりよいワーク・ライフ・バランスが得られるという期待を抱かせ、在宅勤務は好ましいことを支持する根拠として、マスコミなどで取り上げられることも多かったからだ。

自らの研究結果を否定するかのような発言だが、彼の主張は矛盾していない。その理由として、今回のコロナ危機においての在宅勤務には、前述の研究と違って、四つの前提条件があるとしている。それは、子ども、スペース、プライバシー、そして自発的な選択だ。

たとえば、小さな子どもがいる家庭では、自宅で働いていると、構ってほしい子どもが仕事のじゃまをしてくることがある。また、学校や保育所の閉鎖により、食事の世話をしたり勉強の面倒を見たりすることになり、以前にはなかった負担が増えた。ブルームは、在宅勤務の成功には、こうした負担がないことが重要だと指摘する。

問題はほかにもある。自宅の寝室やリビングでウェブ会議をしていると、家族やルームメイトの生活音などにじゃまされることも多い。前述のCtripの従業員は、自宅にきちんとした仕事場があった（もしくは作った）ため、仕事に集中できる環境が整っていた。

また、Ctripのケースでは、従業員は自発的に在宅勤務かどうかを選択できた。今回のコロナ危機のように、強制的にすべての人が在宅勤務に切り替わったわけではない。在宅勤務では孤独や不安を感じる従業員もいたことを考えると、在宅勤務がすべての人に適しているわけではないことがわかる。メンタルヘルスに問題を生じさせる従業員が出てくれば、在宅勤務の恩恵を相殺してしまうだろう。

在宅勤務による生産性の向上という効能を享受するには、これらの前提条件を満たしていないといけない。単に在宅にするだけではダメで、周囲の環境も合わせて整備していかないと、その効果が見込めないわけだ。在宅勤務に限らず、システムは総合的なものであるから、一部を手直しするだけではうまく機能しない。住環境や子育て支援から精神衛生上のサポートまで、関連するすべての要素を調整していく必要がある。

余談だが、私自身が在宅勤務をしていくつか気がついたことがある。第一に、私自身も含めて多くの人の事務処理におけるケアレスミスが増えたこと。たとえば、仕事相手から送られてきた書類を確認していて、誤植が増えたと感じた。第二に、照会に対するレスポンスが遅くなったこと。在宅勤務を始めると、受信メール数が急激に増えた。本来なら対面や電話ですぐ済むところを、わざわざメールで一つ一つ対応するからかもしれない。

もちろん、いい側面もあった。第一に、会議がコンパクトになったこと。オンライン会議に移行することで、必要な議題を集中討議するようになった。第二に、学生からの質問が増えた。対面だと質問しづらいようで、オンラインのチャットや掲示板機能を活用することで、講義内容に関する質問を促進する効果があった。

もともと対面勤務が基本である職場だったからかもしれないが、在宅勤務のように新しい働きかたには、これまでとは違った事務対応などの工夫も必要だと、あらためて痛感している。そして、ここで列挙した事項は、教育機関だけでなく、多くのビジネス組織にも当てはまるであろう。働きかたが変われば、必要とされる技能や特性も変わる。とくに、そのような過渡期では、いろいろなタイプの従業員が活躍できる場があるはずである。

このように、ワーク・ライフ・バランスを改善したいときに、在宅勤務にすればすべてが解決するわけではなく、人によって向き不向きがあることが確認できた。

実は、本書で考えてきた「どのように従業員を幸せにすれば企業にとっても恩恵があるのか」という問いにも、同じ結論が当てはまる。つまり、すべての従業員を無理やりポジティブにすればいいというわけではない。従業員の特性によって、その労務管理法を変える必要がある。ここからはテレワークを含めた将来の働き方を考えるという意味で「従業員を幸せ（ポジティブ）にする効果」を総合的に検証した研究を見ていこう。

ウェルビーイングの効用とはなにか

幸福感や仕事の満足度などをすべてひっくるめて、「主観的なウェルビーイング」と呼ぶことがある。ＯＥＣＤ（経済協力開発機構）によると、主観的なウェルビーイングとは、私たちの人生に対する評価（ポジティブなものやネガティブなもの）と経験に対する感情的な反応だ、と定義される。前者は、自己申告による満足度で測られることが多く、後者は、自己申告による感情の状態で測られることが多い。

これまで見てきたように、人生の満足度、仕事の満足度、ポジティブな感情などの主観的なウェルビーイングは、従業員や組織のパフォーマンスと正の相関があることが、いくつもの研究によって示されている。

しかし、相関の程度は、あまり大きくない。いろいろな研究を包括的に考察したメタ分析によると、顧客が商品やサービスに対して感じる満足度、信頼や愛着（顧客ロイヤルティという）には、従業員の満足度と緩やかな関係が認められる（相関が〇・三程度）が、利潤（売上高に占める割合）の場合には、その関係性はかなり小さくなっている（相関が〇・一五）。

では、その理由はなんだろうか。第一に、従業員の満足度を改善するには費用がかかるので、便益を相殺してしまう可能性がある。第二に、いろいろな要因が、従業員や組織のパフォーマンスを決めるのであって、主観的なウェルビーイングはその一つに過ぎない。ほかにも重要な要因があることを考えると、主観的なウェルビーイングの役割はそれほど大きくなくなる。第三に、主観的なパフォーマンスの評価を使っている研究では測定誤差があり、正当な評価ができていないのかもしれない。

それ以外にも、ユタ大学経営大学院助教授のエリザベス・テニーらは、主観的なウェルビーイングがパフォーマンス（結果）として表れるにはいくつかの経路があり、その経路が状況によって強く作用したり弱く作用したりするからではないかと推測する。

ここでの議論は、主観的なウェルビーイングが、直接ではなく、間接的にパフォーマンスに影響すると考える。そうした経路について、いくつかの可能性を提示しよう。

一つ目の経路は健康だ。ポジティブな気分でいると、運動をしたり体にいいものを食べたりと健康的に行動するだけでなく、実際に健康で長生きするとされている。そして、体調がよければ、バリバリ働けるのでパフォーマンスは向上する。

二つ目の経路は欠勤だ。仕事の満足度が高いと、欠勤が減る可能性がある。欠勤が減って出勤日数が増えれば、仕事をする時間が増えるのでパフォーマンスは上がる。

三つ目はやる気だ。ポジティブな感情は、やる気と関連がある。やる気があると、進んで仕事を行うのでパフォーマンスが向上する。

四つ目は創造性だ。ポジティブな気分でいると、創造性が向上する可能性がある。すると、創造的な仕事ができるようになる。

五つ目は関係性だ。ポジティブな感情を持つ人は、社交的でよい人間関係を築くとされている。好ましい人間関係は、仕事にプラスに働くだろう。

六つ目は離職だ。幸せに感じたり仕事に満足したりしていれば、離職者が減る可能性がある。人の出入りが少なければ新人の教育が不要になり、生産性や利潤が上がるだろう。ただ、こうした経路がつねに作用するわけではない。また、作用したとしても、その効果が無視できるくらい小さいこともある。このため、労務管理の一環として取り入れる場合には、職業や業務の特徴を考慮に入れたうえで、効果が期待できる場合に限定して利用するのが賢明であろう。

たとえば、活力が求められるテレフォン・オペレーターによる営業のような業務では、健康をサポートして、従業員のパフォーマンスが向上する余地は大きい。そうした業務では、企業がフィットネスプログラムの提供やその参加を補助したりして、従業員の健康を促進することは有益となる。

また、精神疾患による病欠が多い職場では、従業員の心の健康を促進することは、費用対効果で見ても元が取れそうだ。不健康な従業員が欠勤することで被る生産性の損失は、一日あたり三四一ドル（約三万七〇〇〇円）という試算もあり、その損失額は無視できない金額となっている。

さらに、欠勤を減らすことは、チームワークが必要な職業で重要だろうし、関係性を改善することは、ほかの人とのかかわりが重要な職業で有効だ。誰かが休んでしまったり、関係性が悪かったりすると、仕事がうまく進まなくなる。

同様に、離職者を減らすことは、専門性を要する従業員を育てるために多額の費用が必要な職業や顧客との継続した関係が大事な職業ほど、その効果が高いだろう。専門的な業務を遂行できるように何年もかけて従業員を教育しても、離職されてしまうと教育費用を回収できないし、顧客との信頼関係によって取引が成立しているのに、クルクルと担当が変わるようであれば、取引が打ち切られてしまうだろう。

一方で、やる気満々で頑張りすぎるとパフォーマンスを改善しないだけでなく、不安がつのってパフォーマンスが下がることもある。また、創造性を助長するためには、それなりの資源を投入しないといけないが、それに見合った成果が期待できない仕事もある。

ただし、こうした見解は、あくまで、これまで別々に行われた研究成果をつなぎ合わせたテニーらの推測であり、必ずしもその経路の有効性を直接検証した結果ではない。せいぜい欠勤や離職の経路について、いくつかの信頼できる研究がようやく出始めたところに過ぎないわけだ。

従業員を幸せにしようとしても意味がない?

今後の研究では、それぞれの経路が効力を発揮する(もしくは発揮しない)のはどのような場合かを特定する必要がある。

たとえば、幸福感や仕事の満足度の水準がどのくらい高くなれば、それぞれの経路は効果を発揮するのだろうか。健康の経路と関係性の経路では、その作用に必要な主観的なウェルビーイングの水準が違うかもしれない。

また、効力が発揮されるまでの時間も問題だ。従業員を幸せにしても、企業業績に反映されるまでにかなりの時間がかかるだろう。企業文化を変えるには時間が必要なだけでなく、その効果に関しても、即効性がある労務管理ではない可能性が高い。

効力の持続時間についても不明な点が多い。企業業績に与える影響は、従業員の主観的なウェルビーイングが改善した直後だけに起こる一回きりのものなのか、それとも、持続的に企業に好影響を与えるのか。どの程度効力が持続するかについての検証も必要だ。

さらに、外部の環境要因をあわせて考慮しないといけない。離職の経路は、失業率が低くて転職しやすいときには作用しやすいだろう。すぐに仕事が見つかるのであれば、ちょっと仕事に不満があるだけでも辞めてしまう。企業内の労務管理の有効性は、一企業がコントロールできない労働市場にも影響されるわけだ。

結局、幸せな従業員が企業に恩恵を与えるかどうかを判断するには、従業員を取り巻く状況をかなり詳細に分類・分析しないといけない。単純に、職業ごとに見るくらいでは不十分なわけだ。

エビデンスに基づいた労務管理論が巷《ちまた》の流行りであるが、これまで見てきたとおり、従業員を幸せにすれば組織に恩恵があるとは断言できないのが現状だ。

テレワーク時代に成果を出す上司とは

本章の前半は、従業員全体の視点からのテレワーク時代の「幸せ」について考えてきた。後半は、少し視点を変え、リーダーシップの議論に移ろう。

部下にはいろいろなタイプがいる。こうした部署で成果を上げるためには、どのように部下と接したらよいだろうか。管理職のかたは、つねに頭を悩ませているかもしれない。

ひどい体たらくの部下には、思わず感情をあらわにすることもあるだろう。一方で、理解のある上司では部下になめられてしまうのではないかという不安もある。部署が成果を出すのは、怒っていてこわもての上司か、それとも幸せそうで元気な上司なのだろうか。

ここで残念なお知らせだ。アムステルダム大学のファンクリーフらは、実はどちらがいいかはわからないとしている。効果的な接しかたは、部下たちの性格によるからだ。

彼らの研究によると、協調性（もしくは調和性）の低い部下のグループでは、怒っている上司のほうが成果を発揮したのに対し、協調性の高い部下のグループでは、上司が幸せな感情を示したほうが成果を発揮した。つまり、ケースバイケースなわけだ。

この研究が興味深いのは、テレワーク時代のあるべき上司のヒントを示しているところだ。部下たちとは別の場所にいる上司が、ビデオカメラやネットワークを通じて、部下たちを観察して指示を出す状況（eリーダーシップ）を想定している。

実験の対象となったのは一四四人の大学生で、その約六割は女性、平均年齢は二一歳だ。彼らは、無作為に四人ずつのグループにわけられ、さらに、無作為に怒っている上司か幸せそうな上司のいずれかを振りわけられる。経験豊かだと吹聴された上司（実際には、訓練された俳優）は、コンピューターのモニターを通じてそれぞれのグループを監督する。

実験課題は一種のゲームだ。それぞれのグループは、軍事的な指揮統制のコンピューター・シミュレーションを行い、その得点を競う。メンバーは協力をして、制限空域を敵の侵入から守らなくてはいけない。

操作方法の訓練と模擬演習のあと、スクリーン越しに現れた上司が、グループのパフォーマンスについてフィードバックを行う。この際、幸せな上司は、元気がよく、しばしば微笑み、陽気な口調なのに対し、怒っている上司は、しかめっ面で、こぶしを握り締め、イラついた口調で、厳格な感じに見える。

その後、三〇分間にわたる演習に移る。各グループは持ち点を与えられ、制限空域に敵の侵入を許したり、友軍や制限空域外の敵を動けないようにさせたりすると持ち点を失うのに対し、攻撃が成功すると加点される。それぞれのメンバーは、別々の乗り物を操り、協力して演習を遂行する。

ちなみに、グループのパフォーマンスは、学術的には集団課題といい、その性質によっ

グループ・パフォーマンス
［リーダーの感情表現とグループの協調性］

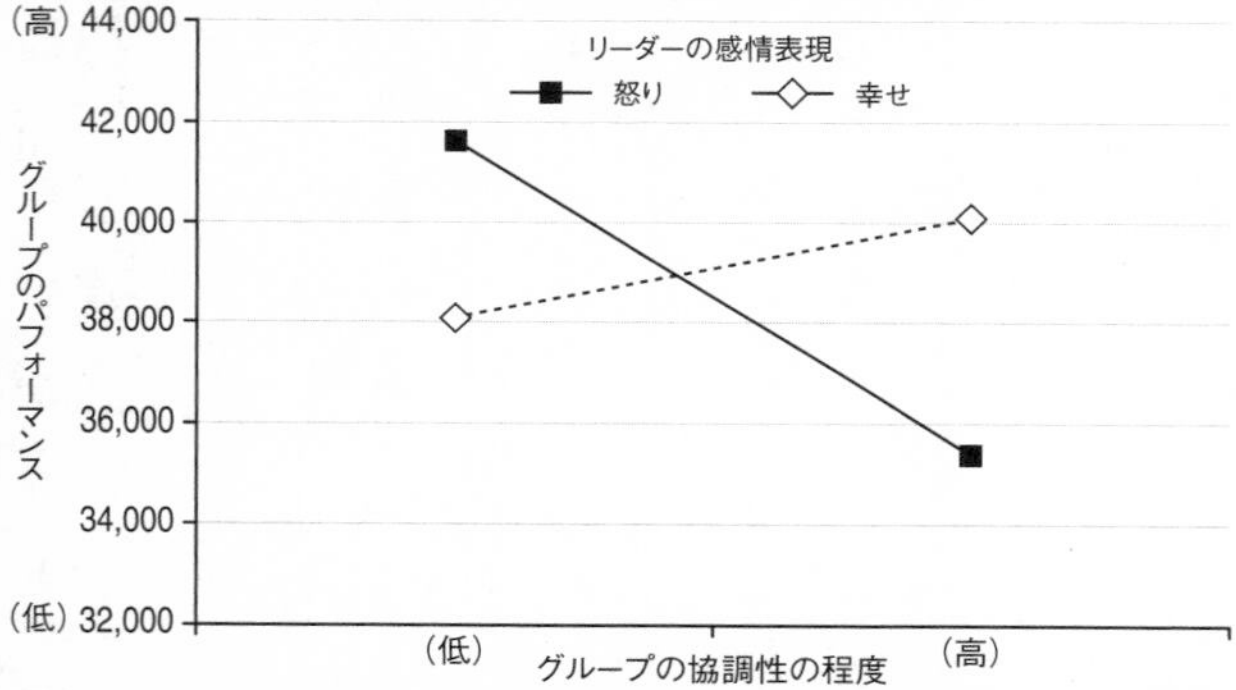

Van Kleef, et al.（2010）Fig.3.より。縦軸はグループの総得点、横軸はグループの協調性の程度。協調性の低いグループでは、怒っている感情表現のほうが、幸せな感情表現よりも得点が高かった（グループのパフォーマンスがよかった）。一方、協調性の高いグループでは反対の結果となっている。

て三つに分類される。加算的課題といって、それぞれのメンバーが同等の責任を持つような場合で、今回の演習がこれに当たる。それ以外にも、グループ内の最も優秀なメンバーがグループのパフォーマンスを決めるような分離的課題（たとえば、数学の問題）やグループ内の最も不良なメンバーがグループのパフォーマンスを決めるような結合的課題（たとえば、山登り）がある。

この実験での成果はコンピューター・シミュレーションの得点だ。協力して業務を行うという演習の性格上、個人ではなく、グループでの得点が記録されて分析の対象となっている。また、グループ全体でのパフォーマンスを考察するので、性格の要素はグループのメンバー全員の平均で測られる。協調性の程度は「私は会う人すべてに礼儀正しく接しようと努めている」や「私は家族や同僚とよく議論になる」などの項目によって判断される。

こうした設定のもとで収集されたデータを分析した結果、上司の感情表現とグループの性格の相互作用は、グループの総得点と関係があった。具体的には、協調性の低いグループでは、上司が怒っている感情表現のほうが、幸せな感情表現よりも得点が高かった。一方、協調性の高いグループでは、幸せな感情を示したほうが高い得点となっていた。

上司と部下の相性

これらの結果は、上司の感情表現と部下の期待が一致するかどうか、つまり、上司と部下の相性の産物だと解釈されている。協調性の高い部下には上司の幸せな感情がうまく作用し、逆に協調性が低い部下には上司の怒りの感情がうまく作用する。

協調性の高い部下は、他人に礼儀正しく接し、競争よりは協調を好む傾向があるため、上司にも自分を同様に扱ってくれるように期待する。また、幸せの感情は、友好関係や社会的つながりを促進するので、仲のいい関係を好む協調的な個人とは相性がよい。このように、部下の期待と上司の感情表現が一致するため、幸せな上司は成果をもたらす。

一方、敵意や論争と関係する怒りの感情は、協調的な人とは相性がよくない。社会の調和を重視する部下にとっては、上司の怒りは受け入れがたいからだ。このように、部下の期待と上司の感情表現が一致しないと、上司の怒りは成果をもたらさない。

協調性の低い人の場合も同様な理由だ。協調性の低い人は、議論になることも多く、論争になることを躊躇《ちゅうちょ》しない。また、怒りは敵意や論争と関係するので、非調和とは矛盾しない。このため、部下が社会の調和を重視しないときには、上司の怒りは許容範囲であり、部下の期待と上司の感情表現が一致するため、上司の怒りは成果と結びつく。

このほかにも、仕事の負担の感じかたに違いが見られた。協調性の高いグループでは、幸せそうな上司よりも、怒った上司の下で働いたほうが、作業量が多いと感じていた。怒っている上司の下で働いた部下たちは、その相性の悪さゆえに、仕事を負担に感じたのだろう。そのため、成績が振るわなかったのではないかとされている。一方、協調性の低いグループでは、怒っている上司と幸せな上司の間で、部下が感じる仕事の負担感に差がなかった。

こうしてみると、上司の在りかたに関して、これまでの議論で意見がわかれていたのも無理はない。部下に優しく接するべきか、それとも厳しく接するべきか。どちらも間違っていないからだ。むしろ、問題提起の仕方が適切でなかったと言える。上司と部下の相性という当たり前の前提が議論から抜けていたからだ。コロンブスの卵と言われればそれまでだが、グループのパフォーマンスへの影響は、上司の感情表現が、部下によってどのように判断されるかにもよる。結局は相性なのだ。

上司は部下にどのように接すればいいのか

では、この知見をどのように活かせばよいだろう。現実への適用可能性について、いくつかの事例を考えてみよう。

まず、最初は軍隊の運営だ。この論文を読み出して思い出したのは映画化もされたSF小説の傑作『エンダーのゲーム』だ。異星人の侵攻から地球を守るため、少年兵たちが、ゲームのような感覚で、コンピューターのモニター上で戦う話である。

演習内容だけではなく、意思疎通が上司から部下への一方通行で、部下からの質問ができない点も似ている（今回の実験では、上司を演じる役者の違いによって実験結果が影響されないように、事前に一人の役者が一般的なフィードバックを録画しておき、あたかもリアルタイムで指示をしているかのように見せていた）。

上記の実験と軍事業務の類似性に鑑みるに、性格診断に応じて部隊編成を行い、それぞれの部隊と相性のよい上官を配属することで、成果の向上が期待できるかもしれない。軍隊への適用は、ある程度の妥当性がありそうに感じる。

次に、学校教育への適用はどうだろう。この場合、性格診断に基づいてクラスを編成し、それぞれのクラスに相性のよい先生を配置することになるが、その成否は軍隊運営ほど明瞭ではない。学校教育では、軍隊のようにわかりやすい成果を追求しているわけでなく、いろいろな学びが期待されているからだ。

たとえば、現実の世界にはいろいろな性格の人たちがいる。性格に限らず、価値観なども含めて、多種多様な人たちと触れ合うことは、社会で生きるうえで大事な学習過程だ。

理想を言えば、先生が生徒ごとに対応を変えればよいと思われるかもしれないが、現在のように多くの生徒を一度に担当する場合、個別の指導はたいへんに難しい。

先生に対応を迫るよりは、むしろ発想を変えて、生徒の自主性を育むのはどうだろう。イメージは大学の講義選択だ。それぞれの先生には個性がある。そこで、生徒が自由に先生を選べるようにするわけだ。いろいろな先生がいていいし、生徒も同様だ。互いの個性を尊重しながら、うまくマッチングできる制度ができればよいのではないかと思う。

最後に、企業の場合はどうだろう。ある程度、学校教育の議論と似たような側面がある。部下の性格に応じて、上司がうまく感情表現を使いわけるとよいのかもしれないが、部下によって態度を使いわけていると、その管理・監督が公平でないと思われてしまう。

一つの手立てとしては、企業の人事課が一括採用して各部署に人員を配属するのではなく、グループの長が人事採用権を持つことだ。企業に就職するのではなく、上司（ボス）と働くという感覚に変われば、上司と部下の相性のマッチングは改善するだろう。相性の悪い人は、最初から雇われないからだ。私が経験したアメリカでの就職活動（アカウンティング・コンサルティングファームでの面接）はこれに近い。

こうした採用形態において、マッチング機能が効力を発揮するには、終身雇用ではなく、転職がふつうであるキャリア形成も前提となる。個人企業でない限り、一生同じ上司と仕事をすることはまれだからだ。

ただし、こうした提言は、あくまで、ファンクリーフらの研究成果を現実に活用するにはどうしたらよいかという観点からの議論に過ぎない。たとえば、大きな企業では人事異動によって上司が変わる。配置転換を伴う人事異動が、ある程度上司と部下の相性をマッチングさせる機能を果たしている側面もあるだろう。相性のよい上司に当たることもあれば、そうでないこともあるからだ。

また、彼らの研究結果をそのまま現実に適用するには限界もある。単発かつ三〇分という短い作業時間で成果を測定しているが、実際の業務は、単発でもないし、時間を要する作業が多い。実験の前提が変わった場合、その結果が妥当かどうかは不明だ。もし、上司が頻繁に怒りを表していれば、長期的な影響が違ってくる可能性がある。

こうした限界にもかかわらず、この研究には意義がある。ポジティブもしくはネガティブな感情表現のどちらがいいかという単純な議論ではなく、上司と部下の相性という当たり前であるがゆえに忘れがちな論点を、eリーダーシップという枠組みを使って、あらためて気づかせてくれたからである。

上司に求められる態度は作業内容で変わる

前節では、部下の性格（協調性）によって、適切なリーダーシップが変わる可能性を見た。ただ、リーダーが配慮すべき項目は部下の性格だけではない。ここでは作業内容によっても、リーダーに求められる態度が変わることを見ていく。

組織における対人関係において、ある人がほかの人に影響を与える設定の一つに、リーダーシップがある。リーダーシップの研究では、どのようなリーダーが成果を上げるかが主要な問題の一つだ。同じような技能のリーダーたちの間でも、うまく自分のグループを導いて成果を上げるものもいれば、そうでないものもいる。その成否をわける理由として、リーダーの情動が部下たちに与える影響が注目されてきた。

そのようなことは研究するまでもないと思われるかたもいるだろう。ポジティブな表情を示すリーダーは、みんなを鼓舞することが上手で、成果も上がっているに違いない、誰しも感じのよいリーダーのもとでは気分よく働けそうであるし、逆に暗い感じのリーダーでは、モチベーションが上がらず、成果も上がらないと考えるのは一理ある。

しかし、これまでの研究によると、リーダー（例：上司）の情動が、フォロアー（例：部下）のパフォーマンスに与える影響については、見解の一致を見ていなかった。ポジティブな情動を示すリーダーのほうが、フォロアーからいいパフォーマンスを引き出せるという研究もあれば、ネガティブな情動を示すリーダーのほうがよいとする研究もある。

ただ、最近の研究結果は、こうした論争に終止符を打ってくれそうだ。ポジティブな情動を示すリーダーとネガティブな情動を示すリーダーの両者ともフォロアーのパフォーマンスを向上させるとしているのだ。つまり、どちらがいいというわけではない。

ただし、エラスムス大学の学者らの研究結果によると作業の内容次第でその結果が変わる。ここでは、ポジティブな情動の代表例として幸せを、ネガティブな情動の代表例として悲しみを取り上げている。いずれも文化を超えて普遍的に見られる基本的な感情である。

この研究の対象者は、オランダのビジネススクールに在籍する学生一六一名で、そのうち一〇〇名が男性、平均年齢は二〇歳だ。実験参加者は、無作為に六つのグループのいずれかに振りわけられる。リーダーの情動は、①「幸せ」、②「悲しみ」、③「中立」に、作業内容の種類は、Ⓐ「創造的」、Ⓑ「分析的」にわけられており、合計六つ（＝三×二）のグループに分類されている。

リーダーは、表情と声の調子を使いわけて、情動を表現する。幸せなリーダーは、口角を上げて、頻繁に微笑し、元気そうに見えて、声の調子も陽気だ。悲しいリーダーは、口角が下がり、ふさぎ込んでいて、静かに言い訳がましく話す。

また、リーダーは別室にいるという設定で、ウェブカメラを通じて参加者に指示を与える。二八歳の白人男性である俳優が演じるリーダーの指示は、あらかじめビデオに録画されており、すべてのグループで同じリーダーに対する反応を見ることになる。ただ、リーダーからの指示は一方通行で、質問はできない。

作業内容は二種類に分類される。創造的な作業とは、思考の方向性を自由に変えながらなにかを生み出す作業と定義され、この実験では、円、三角形、長方形のみを使ってモノを描き、その下に名前を書く作業をする。たとえば、長方形の上に三角形を載せて「家」と名付ける。ユニークなアイデアの数や独創性、柔軟性（テーブル、いす、机のように同じ

グループ・パフォーマンス
[リーダーの情動表現と作業の性質]

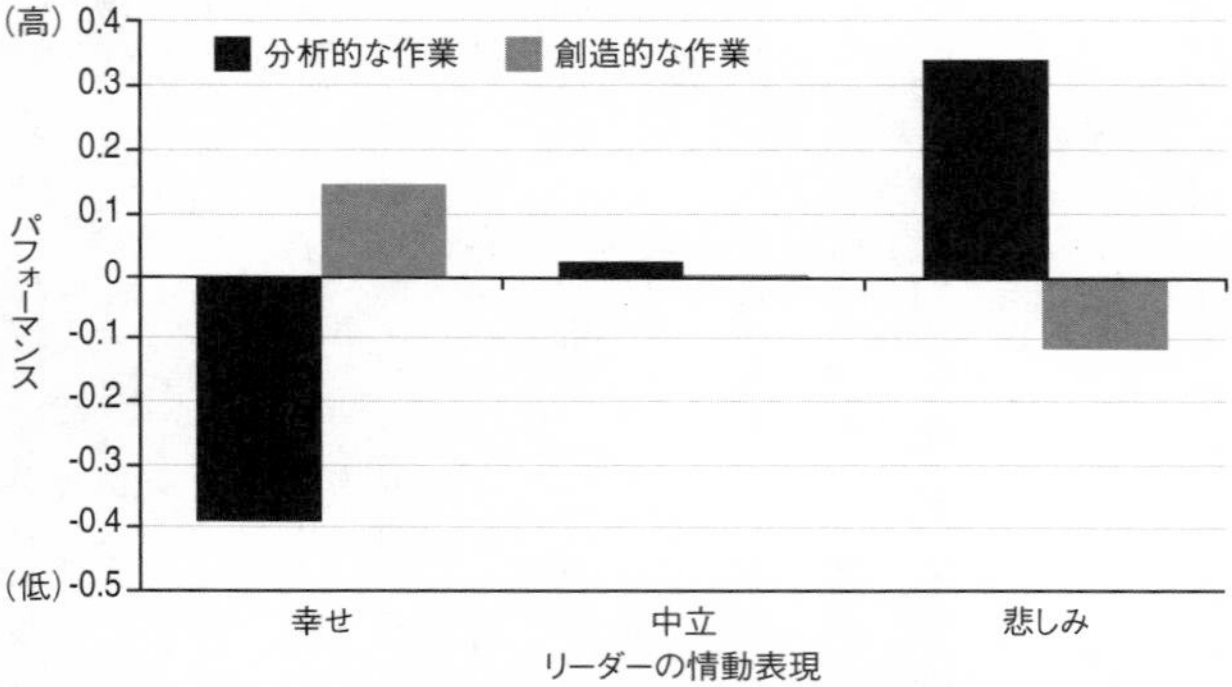

Visser, et al.（2013）、Figure4より。縦軸はパフォーマンスの点数（上に行くほど高得点で良好なパフォーマンス）、横軸はリーダーの情動の種類（左から順に、幸せ、中立、悲しみ）。黒色のグラフが分析的な作業、グレーのグラフが創造的な作業。分析的な作業には悲しそうなリーダーが、創造的な作業には幸せそうなリーダーがよい。

カテゴリーではなく、テーブル、雲、学校のように違うカテゴリーのモノを描く）、精密さ（3Dのように奥行きを持った作画）の観点から、総合的な創造性が評価される。

一方、分析的な作業とは、利用できる情報を使って最終結果を導くような作業と定義される。この実験では、コンピューター上に現れる文字のうち、指定された文字をクリックして取り除いていく作業を行う。それ以外の文字をクリックすると誤答となる。正答数をすべてのクリック数で割った値が高いほど、分析のパフォーマンスが良好だと判断する。

実験の結果、同じリーダーによる情動

表現であっても、作業内容によって、フォロアーへの影響は違っていた。リーダーが幸せな情動を示した場合には、分析的な作業よりも、創造的な作業において、良好なパフォーマンスを示した。一方、リーダーが悲しむ情動を示した場合には、創造的な作業よりも、分析的な作業において、良好なパフォーマンスが示された。また、リーダーが中立的な情動を示した場合には、創造的な作業と分析的な作業の間でパフォーマンスの差は見られなかった。

この研究の成果はもう一つある。フォロアーによるリーダーの主観的評価は、フォロアーのパフォーマンスという客観的評価とは、必ずしも一致しないことだ。つまり、フォロアーに評価されるリーダーが、成果を上げるリーダーではないわけだ。

実験では、リーダーシップの効果を測るために、フォロアーによる主観的な評価とフォロアーのパフォーマンスという客観的な評価を区別している。主観的な評価は、「このリーダーはよいリーダーだ」などの項目に、一（まったくそうでない）から七（とてもそうである）までの七段階で回答する。こうして、リーダーシップの効果を主観的に評価すると、幸せなリーダーのほうが、悲しいリーダーよりも、評価が高くなる。中立なリーダーの評価はその中間だ。

たしかにフォロアーによる評価も大事であるが、残念ながら組織の成果という観点からは、幸せそうなリーダーはフォロアーから過大に評価され、悲しげなリーダーは過小評価される危険がある。フォロアーによる主観的評価を利用するときには、注意をしないといけない。

なぜ上司の感情が部下のパフォーマンスを左右するのか

最後に、結果の解釈についても触れておこう。どうして、リーダーの感情表現の違いが、フォロアーのパフォーマンスの違いにつながったのだろうか。

この研究では、前述の結果をもたらした経路について、感情の伝染という観点から考察している。リーダーの感情は周囲の人に影響を与える。そして、リーダーの感情がフォロアーへ伝染した結果、フォロアーのパフォーマンスを変化させた可能性を検証した。

拡張―形成理論という考えかたによると、幸せのようなポジティブな情動だと、思考や行動の範囲が広がるため、創造的な考えかたに役立つとしている。視野を狭めず、柔軟な思考のほうが、創造的な作業に適しているからだ。

この理論を適用すると、感情の伝染によって、フォロアーのパフォーマンスが変化したことがうまく説明できる。幸せなリーダーと接したフォロアーは自らも幸せに感じる。幸せが伝染したフォロアーは思考の範囲が広がるため、創造的な作業において良好なパフォーマンスを示した可能性がある。

一方、悲しげなリーダーの元では、フォロアーも悲しくなる。ネガティブな情動だと思考や行動の範囲が狭まるので、分析的な考えかたに役立ったのではないかと予想された。分析的な作業の場合には、焦点を合わせた思考のほうが向いているからだ。

しかし、分析の結果は必ずしも予想どおりではなかった。感情の伝染によるパフォーマンスの変化は、幸せな場合には認められたが、悲しみの場合には認められなかった。人は悲しみのような感情を受け入れるのをためらうため、悲しみの伝染が生じなかったのではないかと推測されているが、本当のところはよくわかっていない。

この研究によると、企画課のような創造的な部署のリーダーは、ポジティブな（元気のよい）感情表現で部下と接すると成果が期待できて、会計課のような分析的な部署のリーダーは、ネガティブな（落ち着いた）感情表現で部下と接するとよいことになりそうだ。

ただ、リーダーの資質には、この研究で考察されていない感情表現以外の要素もあり、そうした別の要素とどのように相互作用があるかは、今後の研究を待たないといけない。

また、この実験では男性のリーダーであったが、リーダーによる性差が結果を変える可能性もある。学術的にお墨付きを得た「最高のリーダー」像を提示できるのは、まだまだ先のようだ。

認識的動機によって変わる「いいリーダー」

前節では作業の種類によって、リーダーの適切な感情表現が変わる可能性を指摘したが、リーダーがどのような感情を示したら、グループのパフォーマンスを向上させるかについては、別の角度からも検証されている。

その一つは認識的動機だ。認識的動機（epistemic motivation）とは聞き慣れない用語だが、私たちが日常的に無意識にしている行為と関係している。たとえば、リーダーが怒っていれば、グループのパフォーマンスに満足していないと感じるだろうし、逆にニコニコしていれば、現状はうまくいっていると推測できる。リーダーの感情表現を通じて、成功や失敗のフィードバックを得ているわけだ。このように、フォロアー（例：部下）が状況を認識しようとする欲求（認識的動機）の程度によって、いいリーダーの在りかたは変わるという見解がある。

ファンクリーフらによると、部下の認識的動機が強いときには、リーダーは怒りを示したほうがグループのパフォーマンスがいい。しかし、部下の認識的動機が弱いときには、幸せそうなリーダーのほうがグループのパフォーマンスがいいという。

たとえば、スポーツチームの監督が試合中に怒っていれば、試合運びが監督の思いどおりでないことを選手は察する。監督の思いどおりに動けない選手は代えられてしまうので、選手は認識的動機（監督の顔色をうかがう傾向）が強い。このため、監督がご機嫌斜めなときには選手は奮起して頑張るだろう。その結果、グループのパフォーマンスは向上する。

逆に、監督がニコニコしていれば、現状がうまくいっていると感じ、選手の気が緩むかもしれない。こうした状況では、グループのパフォーマンスが向上しないどころか、選手がミスをして、そのパフォーマンスが低下してしまうかもしれない。つまり、怒っている監督のほうがいいわけだ。

ただ、リーダーの感情表現がグループのパフォーマンスに影響を与える経路は、認識的動機だけではない。感情的な反応という経路もある。つまり、二つの異なる経路があるわけだ。

感情的な反応はわかりやすい。怒っているリーダーには不快な感情を抱くため、グループのモチベーションが下がって、そのパフォーマンスが低下してしまうことがある。むしろ、元気よくグループを鼓舞してくれるリーダーのほうが、グループの雰囲気がよくなり、そのパフォーマンスが向上することも多い。つまり、フォロアーの感情的な反応からすると、怒っているリーダーのほうがダメなことになる。

総合すると、認識的動機の観点からは怒っているリーダーのほうが好ましいが、感情的な反応の観点からは怒っているリーダーのほうがダメという真逆の結果となっている。結局、リーダーがどのように感情表現をすべきかについては、認識的動機と感情的な反応の二つの影響をはかりにかけ、どちらが大きいかによってその判断が異なる。

この理論に基づけば、これまでの研究でリーダーのポジティブな感情表現とネガティブな感情表現のいずれが好ましいかについて意見がわかれたのは、ある意味当然のことだ。認識的動機と感情的な反応のどちらのほうが重要であるかという視点が欠落していたからだ。

どちらの影響が重要かを検証するため、オランダの大学で修士課程に在籍する一四〇人の学生を対象にしたeリーダーシップの実験が行われた。

実験参加者（六割は女性で、平均年齢は二一歳）は、無作為に四人一組のグループに振りわけられ、協力して敵の侵入から制限空域を守るという軍事的なコンピューター・シミュレーションを行った。実験参加者は、お互いに情報を交換しつつ、いろいろな判断を迫られるという、かなりチームワークを要する作業だ。グループによって、怒ったリーダーか幸せなリーダーかのいずれかが無作為に割りあてられている。

実験では、操作法などについて七五分のトレーニングを受けたあと、リーダーはオンラインを通じていくつかのアドバイスをする。この際、幸せなリーダーは、元気よく見え、声の調子が陽気で、しばしば微笑む。一方、怒ったリーダーは、しばしば眉をひそめ、声の調子はイライラしており、人を寄せつけない雰囲気を出している。リーダーとオンライ

グループ・パフォーマンス
[リーダーの感情表現と認識的動機]

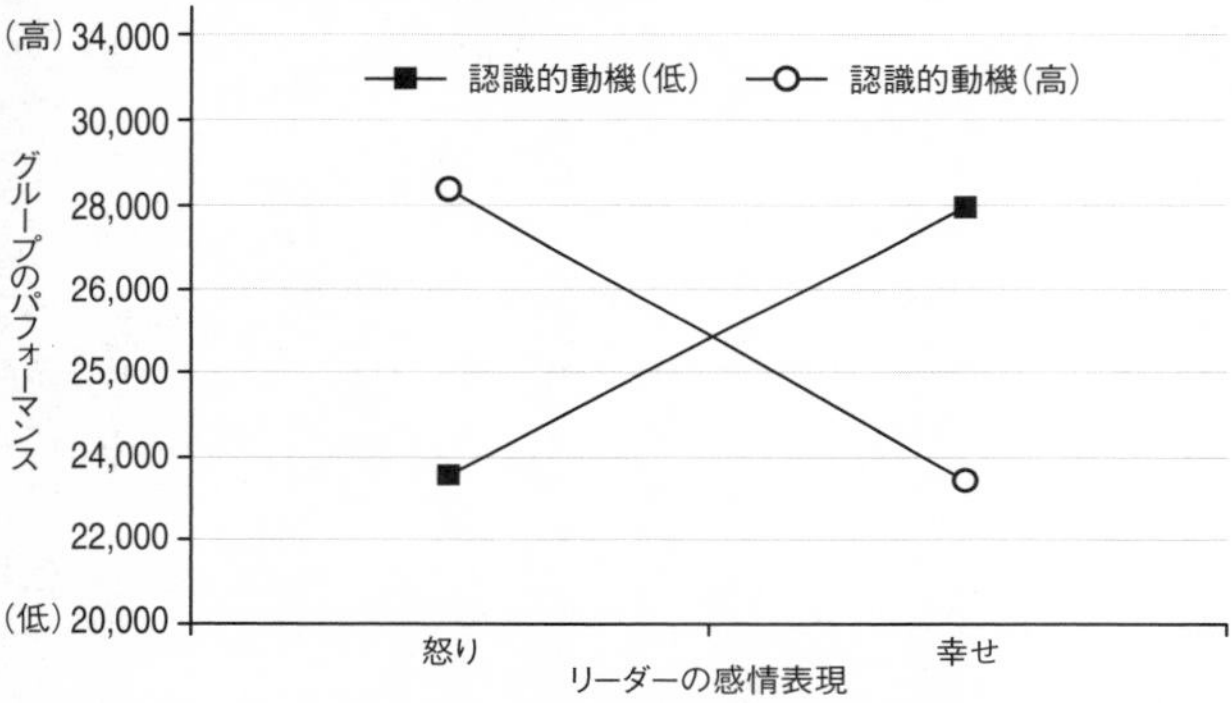

Van Kleef, et al. (2009) Figure4より。横軸はリーダーの感情表現（怒り、幸せ）、縦軸はグループのパフォーマンス。■は、認識的動機の低いグループ、○は認識的動機の高いグループ。認識的動機の高いグループには怒ったリーダーが、低いグループには幸せなリーダーがよい。

ン上で接触することによって彼の感情に感化されたあと、三〇分のコンピューター・シミュレーションの作業が行われた。

グループのパフォーマンスは、シミュレーションの得点で測られる。敵の侵入を許したり、友軍が動けなくされたりした場合には持ち点から減点され、敵を撃退した場合には加点される。認識的動機の程度は、「私は予期できないような状況にいるときのワクワクした感じが楽しい」などの項目への回答から測られる。また、感情的な反応は、「リーダーは私を怒らせた」「リーダーはいい人のように感じた」などの項目への回答から測られている。

すると、幸せなリーダーよりも怒ったリーダーのほうが、認識的動機の高いグループのパフォーマンスがいいだけでなく、怒ったリーダーよりも幸せなリーダーのほうが、認識的動機の低いグループのパフォーマンスがいいことが示された。つまり、認識的動機の程度によって、望ましいリーダーの感情表現が異なっていたのだ。

状況に応じた感情表現

この研究成果は、実務的にはどのような意味があるだろうか。

まず、怒るのが好ましくない状況がいくつかある。たとえば、締め切り前で部下の労働が過重になっているときに、リーダーが怒りを表すことは賢明ではないだろう。時間に追われて心理的に疲れていると、認識的動機が低下するからだ。

また、部下へのフィードバックは、時間に余裕があってストレスが少ないときに行うほうが効果的だ。強いストレス下にある従業員は認識的動機が低くなっている可能性が高い。これではフィードバックをうまく成果に活かせなくなる。

一方で、怒りが有効な場合もある。個人に責任があるようなときには、認識的動機が高まる。たとえば、集団競技であっても、スポーツ選手は自分のプレーに責任が生じる。よく選手に厳しく接する監督やコーチを目にするが、こうした行為は理にかなっている。

ただ、本節での教訓も普遍的なものとは言えない。実験では三〇分という短い作業を行っただけであり、リーダーの感情表現がグループのパフォーマンスに与える影響といっても、その効果は短時間しか持続しないかもしれない。日々の企業における業務のように、長期的な関係性のなかで、同様な効果が継続するかどうかは不明である。

似たような観点から、グループの発展段階によっても、その効果が変わる。グループを立ち上げたばかりで、まずは自信をつけさせることが大事な場合には、リーダーによるポジティブな感情表現の有用性は増すだろう。一方、グループを結成してからある程度時間がたって伸び悩んでいるような状況では、潜在的な問題点をあぶり出す必要がある。リーダーのネガティブな感情表現は、部下たちが改善点を考える取り組みを後押しするだろう。

さらに、グループの作業形態によっても効果は違うかもしれない。本節のeリーダーシップは共同作業をするグループを対象にしているが、従業員が独立して作業をする場合にも、同じ結果が適用できるかはわからない。

こうした批判があるにもかかわらず、リーダーの感情表現がグループのパフォーマンスを向上させる条件を提示した意義は大きい。今後の研究では、リーダーはポジティブであるべきか、ネガティブであるべきかという二元論はフェードアウトし、その感情表現ごとに効果を発揮する条件が提示される方向に進んでいくであろう。

いずれにしても、指導者が幸せのようなポジティブな感情を示すことで、いつでもよい結果が得られるわけではないし、怒りのようなネガティブな感情を示すことで、悪い結果となるわけでもない。優しくて感じのよい指導者が組織の業績を伸ばすという、最近流行りのリーダーシップ論が絶対でないことがわかる。現実はたいへん複雑なのである。

テレワーク時代に必要な組織とリーダーとは

本章では、これからの組織の在りかたを念頭に、テレワークやそれに関連するリーダーシップ（eリーダーシップ）論を見てきた。そのなかで、テレワークを行えば、従業員のパフォーマンスは向上し、企業業績が伸びるという結果が示された。

一方で、こうした成果を享受するためには、外部環境の整備が欠かせないこともわかった。ただ単に、在宅勤務に移行すればよいわけではなく、子育て世帯に対する保育支援から、仕事に集中できる住環境や一人で働くことの精神衛生へのサポートなど、環境を含めてセットで改革を進めないと効果が望めない。

また、コロナ禍後の働きかたを考えるうえで重要なeリーダーシップについては、リーダーの感情表現の重要性が確認された。リーダーの感情は、フォロアーのパフォーマンスに影響を与える。ただ、リーダーの態度に一つの正解があるわけではなく、部下の作業内容や部下の協調性・認識的動機などによって、リーダーに求められる態度が変わってくる。

これらのことから、新しい働きかたで求められる適性は、これまでの働きかたの適性と異なることがわかる。オフィスにおいて仕事ができる従業員が在宅勤務に向くわけではなかった。無愛想でも孤独に耐性がある人は在宅勤務に順応しやすい。また、ポジティブなリーダーは周囲から評価されやすいが、ネガティブなリーダーのほうが好ましい場合も多い。とくに、オンライン勤務でのリーダーは、ポジティブとネガティブを使いわけるきめ細かい対応が求められる。対象となる部下の特性や仕事の内容に合わせて、成果を生むリーダー像が変わってくるからだ。結局のところ、働きかたの変化とともに、変わる必要があるのは外部環境だけではない。すべてが関連しているので、私たちの意識も変わらないと、こうした働きかたにおける効果は見込めない。ネガティブなことは悪くないのだ。

第四章まとめ

◎在宅勤務により、従業員のパフォーマンスが向上。離職を抑制し、企業業績もアップ

◎在宅勤務に向かない従業員の存在や、キャリア形成への悪影響といった懸念もある

◎主観的なウェルビーイングは、組織の業績と正の相関があるが、その程度は大きくない（もしくは、主観的なウェルビーイングは、組織の業績を決める一要因に過ぎない）

◎協調性の低い部下のグループでは、怒っている上司のほうが成果を発揮

◎悲しげな（幸せそうな）上司の元では、部下の分析的な（創造的な）パフォーマンスが向上

◎部下による上司の評価は、仕事の成果とは一致しない：幸せそうな上司のほうが、悲しげな上司よりも、部下による評価が高い

◎怒った（幸せな）リーダーのほうが、情報に基づいて理性的に判断する（感情的な反応をしやすい）グループのパフォーマンスが良好

第五章　幸福研究に基づいた幸せな働きかたのヒント

効果的な労務管理ガイド

ここまで紹介した実験は、研究者の知的好奇心を満たす自己満足のためのものではない。また、メディアで興味本位に取り上げられて、それでおしまいという性質のものでもない。私たちの生活や働きかたをよくするために活用されて、初めて意味のあるものになる。

そこで、最終章では、これまでの議論を簡単にまとめながら、本書で紹介したことをどのように活かしていけばよいのかを考えていく。実際の組織作りやリーダーシップのヒントになるよう、具体的に見ていこう。また、章末に掲載した研究のポイントをまとめた一覧表も参考にしていただきたい。本書の議論が概観できるだけでなく、科学的に証明されたものの整理と理解を手助けできるだろう。

企業は「幸せ」を押しつけないほうがよい

従来の幸福学の研究を引用した言説では「従業員が幸せになれば生産性が上がるから企業は従業員を幸せにすべき」とされてきた。しかし、従業員の幸せ＝企業の恩恵という主張に確証は得られていない。

さらに、幸せな感情によって向上した生産性は長くは続かない。こうした指摘は、ポジティブ心理学における「幸せになる方法」でもされている。この分野では「他人に親切にすること」や「日々の出来事への感謝の気持ちを日記に綴《つづ》ること」で幸せになるとされているが、あまり頻繁に行っていると慣れてしまい、その効果を発揮しなくなる。効果の持続時間が短いのだ。企業経営には長期的な展望が必要だからこそ、効果が短いものに投資をするのは賢明な戦略とは言えない。つまり、企業の主導ですべての従業員を幸せにするのは、あまり意味がないのである。

仮に持続時間が短い欠点を補うとしても、矢継ぎ早にいろいろな刺激を与えなくてはいけない。しかし、従業員の気分を向上させるために、次から次へと企業から繰り出される施策は、「幸せ」をエサに働かされ続けているような感じがしなくもない。職場ではポジティブさを押しつける必要はないのである。

もちろん、企業による取り組みを否定するわけではない。研究を吟味してわかることは、気分をよくしてあげると生産性が高まるのは、比較的若い世代の従業員が一人で業務を行う場合となっている。このため、若い社員が単独で業務に従事するような職場では、企業が積極的に若手を支援することは悪くない。

ただ、幸福な働きかたは、企業の主導というよりは従業員同士の工夫で行われたほうが効果的だ。たとえば、地方に出張に行ったとき、お土産でお菓子を買ったとしよう。それを、出張後のプレゼンの合間に、一服を兼ねて配布する。プレゼンは聞くほうも疲れてしまうし、たいがいはそれほど面白くないが、途中で小さな幸せを感じるだけで取り組みかたも変わってくる。必要なのは途中でお菓子を配ったりそれを食べたりすることを、「プレゼンに真面目に取り組んでいない」と一喝するような雰囲気を作らないことだ。

また、従業員同士で声がけをするだけでもかなり違う。私も大学生を教えているなかで感じることだが、若い世代ほど気分に左右されやすい。そのため、学生に話しかけてみるだけでも、自分を理解している（もしくは理解しようと努めている）と感じてくれるようだ。組織を引っ張る立場の人が「従業員をすべて幸福に」などと構えなくても、シンプルな取り組みのほうが功を奏することもあるわけだ。

もっと言えば、企業にとっては従業員のワーク・ライフ・バランスを整えたほうが大きな恩恵になるだろう。第一章でも挙げたように、全体的な幸福感（仕事とプライベートをすべて含めた幸福感）が高いときには、仕事の満足度が低くても転職しない。つまり、仕事の満足度よりも、全体的な幸福感のほうが大きな影響力を持つことになる。

これらのことを総合すると、従業員のプライベートの時間を確保し、各々のたのしみを充実させるような取り組みのほうが、企業にとっても有効だと考える。職場における従業員の幸せという局所的視点よりも、職場は私たちの生活の一部でしかないという大局的な視点のほうが重要なのである。

瞑想で集中力が向上

仕事に起因するストレスという観点から、幸せな従業員と組織への恩恵の関係性を考察する幸福研究も多くある。第三章で紹介したマインドフルネスも、その一つだ。

正直、マインドフルネスを知った当初はあまりいいイメージがなかった。いわゆる「意識高い系」の人たちが飛びつきそうな一過性のブームだろうくらいに思っていたし、宗教的な空気も感じた。しかし、海外の学者による書籍や学術論文を読むにしたがって、こうした認識は改められた（ちなみにベストセラーになった『世界のエリートがやっている 最高の休息法 脳科学×瞑想で集中力が高まる』〈久賀谷亮著、ダイヤモンド社、二〇一六年〉はマインドフルネスの良質な解説書だ）。現代のマインドフルネスは、宗教性を排除されて実践されているし、比較的短期間の訓練でも、その効果が科学的に証明されてきている。

マインドフルネスは、私たちが「あったらいいな」と思うような効能を提供する。たとえば、マインドフルネス瞑想を行うことで、煩雑な事務作業を行う際の集中力が増す。マルチタスクが一般的な現代のビジネスシーンでは、いろいろな作業の切り替え（タスク・スイッチング）がうまくいかず、作業効率が下がる問題が指摘されている。しかし、マインドフルになることで気が散らなくなり、結果としてタスク・スイッチングが円滑に行えて、作業効率が上がるようになる。

ちなみに、手前味噌《てまえみそ》だが、私は集中力には自信がある。いま思えば、小学生のときに習ったそろばんがマインドフルネス瞑想と同じ効果があったのではなかろうか。暗算のときに頭のなかにそろばんのイメージを浮かべて、そのイメージのなかでそろばんをはじいたものだが、これは集中瞑想のような効果がある。かつての小学生はそろばんを習うことが多かったが、最近ではマインドフルネスを教育に取り入れようとする動きもある。

こうした集中力の向上は、一瞬の不注意が惨事につながる業種にとっては重要な成果だ。極度の精神的負荷がかかると、私たちの注意力は欠如して、瞬時に正確な判断をする能力が鈍ってしまう。心を整える訓練をすることでできるだけ通常に近い判断力を維持できるようになると、職場で取り返しのつかない失敗が起こる確率を減らしてくれる。これには、私たちの生命を預かる空港の管制官、パイロット、医療関係者、警察官、消防署員、そして、軍人などが当てはまる。残念ながら本書であまり触れることはできなかったが、軍隊を対象にしたマインドフルネスの研究は多く、学術的な成果を背景に日本でも県警や陸上自衛隊の一部で講師を招いた講習会が開かれ始めたようだ。

マインドフルになることでストレスが軽減

ただ、マインドフルネスの恩恵として、私たちが最も身近に感じられるのは、ストレスの緩和やその回復であろう。日常生活では、イライラしたり、精神的に疲れたりすることも多い。困ったクライアントや同僚に悩まされて、心理的に疲弊することもあるだろう。しかし、マインドフルネスの訓練を受けた人は、ネガティブな感情に陥りにくく、感情的な疲弊度が減少する。精神的にも安定して、ストレスにうまく対処できるようになる。

また、マインドフルネスは、ストレスからの回復も助ける。脳がストレスに過敏に反応しなくなるだけでなく、心拍数や呼吸数といった生理学的指標で見たストレスからの回復が早まる。仕事で消耗し、苦悩することが多い私たち現代人にとっては、希望の持てる結果となっている。

マインドフルネスの訓練は、ストレスが多い業務・職種ほど、その効果が高く、組織への恩恵とも両立する。ミスを減らすための精神的なケアに関しては、軍人や医療関係者への好ましい影響が見られているし、従業員のパフォーマンスについては、職種を問わず、事務作業や飲食業での給仕などにおいて、その有効性が観察されている。マインドフルネスの訓練を行うことで、ストレスとうまく付き合えるようになれば、仕事全体のパフォーマンスの向上も期待できる。

ただ、これでは従業員の気分を向上させ（ポジティブに誘導して）、生産性を向上させようという企業の取り組みと同じだと感じるかたもいるだろう。結局、効果的に働かせるために、従業員の精神を安定させているだけではないかという批判もなくはない。

それでも私はマインドフルネスに対して、好意的な立場にある。なぜなら、マインドフルになることの効能は、職場のみならず、日常生活全般に及ぶからだ。読者のみなさんも、仕事でカリカリしていると、就業時間外でもそれを引きずることがあるのではないだろうか。これでは、せっかくのプライベート時間が台無しになってしまう。心穏やかになるマインドフルネスの効能は、プライベートにも活かせる。

このようなスタンスは、先に指摘した「職場は私たちの生活の一部でしかない」という大局的な視点とも整合性がある。心穏やかになることで、私たちの厚生は改善する。その過程で、私たちの生活の一部である職場にも恩恵があればいい。つまり、幸せになることの組織への影響を考えるよりも、幸せに生活を送る方法を考えるほうがよっぽど有益なのではなかろうか。

「怒り」をコントロールして交渉力を改善

幸福研究ではネガティブな感情の有用性に焦点を当てたものも多いことは、第二章でも見てきた。

たとえば、お互いに相反する利益を解決するための交渉では、怒りが効力を発揮する。単発の契約で、交渉相手の感情くらいしか判断材料がないときには、怒りによって交渉を有利に進められる。また、最初からずっと怒っているよりも、途中から怒り出すほうが効果的だ。変化があると、怒りのインパクトが増して、よりよい交渉結果を導けるわけだ。

別に怒りを推奨しているわけではないが、欠点と思われがちなことでも利点になるのである。たとえば業務上、初見の相手と交渉する場合にはお互いの性格や態度を知らないゆえ、手探りであることも少なくない。そうしたときに、最初は友好的な態度で臨み、ここ一番の譲れない条件を話し合う場面などでは少し強気な態度に切り替えるのもよいだろう。

ただし、相手との力関係の差が明確なときにしか通用しないことに注意が必要だ。さもないと、相手の気分を損ねて交渉が決裂し、自分が困ることになる。

私もそうした状況を経験したことがある。アメリカで就活をしていたときのことだ。アメリカ社会ではプロスポーツ選手のように、就職の際に給与額の交渉をする。たいていの場合、給与の交渉相手とは面接で話した程度で、それほどよく知っているわけではない。そのため、友好的な交渉を心がけるのだが、ある程度やり取りが進んだ段階で、ほかの会社からも内定があることを示したうえで、提示された条件では納得がいかないと態度表明を行う。すると、交渉相手はかなり給与を上げて提示してくれるのである。このように怒りの効能は交渉事で役に立つ。

さらには、格闘技やラグビーなど身体的接触を伴う激しいスポーツでは、競技中の怒りが、パフォーマンスを向上させる可能性も指摘されている。ただし、こうした傾向はすべての人に当てはまるわけではなく、技術の高い選手を中心に見られるようだ。

交渉事にしろ、スポーツ競技にしろ、怒りの効能を享受するには、ちょっとしたコツがいるわけだ。

ネガティブな人が創造性を発揮しやすい環境に

第二章では、創造性を必要とする仕事ではネガティブな感情が役立つことも見てきた。創造的なものを生み出すには、根気強い作業が必要だ。ネガティブな気分であれば、物事を批判的にとらえ、まだまだだと現状に満足せずに努力を続けるため、創造性が増す。ただ、ネガティブな人が創造性を発揮しやすいのは、創造的なパフォーマンスが昇給や昇進などの形できちんと評価されて、なおかつそれが目標としての意義がある環境だ。目標としての意義を感じられない場合には、ネガティブな気分は創造性の向上に寄与しない。

そう考えると、日本の組織は、創造的なパフォーマンスに対する評価が十分でない印象を受ける。ここで思い出すのが、ノーベル物理学賞を受賞した中村修二教授による青色LED訴訟だ。中村氏が日亜化学工業に社員として勤務していたときに発明した特許技術について、中村氏個人への帰属の確認と、それが認められない場合の相当対価の支払いが裁判で争われたものだ。結局日亜化学工業が、約八億四〇〇〇万円の金額を支払うことで和解が成立したが、これは中村氏が請求した金額を大幅に下回るものだった（『ごめん！青色LED開発者最後の独白!』〈ダイヤモンド社、二〇〇五年〉を参照)。それ以外にも、味の素の人工甘味料に関する特許訴訟など、従業員が会社に対価を求めた訴訟はいくつもある。

また、こうした大きな発明と比べると些末な例になってしまうが、給与額の決定方法も似たようなことがある。ポストによる若干の差はあっても、同期入社の会社員の給与が同一だったり、大学教授の給与が、論文という成果ではなく、勤続年数で一律に決まっていたりする。能力給への取り組みが提唱された時期もあったが、進んでいる実感はそれほどない。

そもそも、日本企業の文化は、従業員の情熱(好意)をベースにして考えているフシがある。だからこそ、「従業員をすべて幸福に」という無理な発想にもつながる。もちろん業務内容が趣味のような人もいるだろうが、そうしたことをすべての人に期待できるわけではない。もし、成果に対する評価制度を充実しさえすれば、より多くの人々が結果を出すチャンスが生まれるのではないだろうか。これは「お金で釣れば創造的になる」という意味ではない。創造的な成果を目に見える形できちんと評価することが大事なのである。

ネガティブ社員がピンチを救う

組織においてすべてのネガティブな側面が悪いわけではない。とりわけ組織がネガティブな人たちによる恩恵を享受するのは、組織が危機的な状況のときだ。なかでも、不安は有事に活躍する人たちに見られる感情だ。グループ内の協調が乱れて、その存続が危ぶまれるような場面では、不安を感じる人のほうが、率先して協調的に行動する。不安な人ほど、不測の事態が起こったときには危機感を感じやすく、不公平な業務負担を引き受けてでも組織の維持に努めることがあるわけだ。

面白いことに、平時（グループ内が協調的であるとき）には、不安な人にこうした傾向は見られない。むしろ、うまくいっているときには、不安感のない人のほうが、組織に貢献している。不安な人が組織に貢献するのは、あくまで有事だ。このため、普段はネガティブな人たちの有用性を実感できないが、彼らはいざというときに組織を救う大事な存在だ。

とくに、こうした認識は、今後のオンラインを中心とした業務ではその重要性を増すだろう。というのも、知らない人同士がオンライン上でやり取りする実験によって、不安による協調性が証明されたからだ。

オンライン面接を通じて採用された新入社員のなかには、採用後もオンラインで勤務するかたも多数いるだろう。近い将来には、オンライン勤務がふつうになるかもしれない。そうした時代には、これまではあまり評価されていなかったネガティブという特性にスポットが当たることが増える気がする。

また、オンライン勤務に限定せずとも、特定の業種ではネガティブなことが有利に働く。たとえば、綿密な分析や事前準備が欠かせない金融業のような業種では、不安感は、良好なパフォーマンスには効果的だ。認知能力が高くて心配性な人は、些細なことにもあらかじめ気がついて、適切に計画を立てたり、危険を回避したりできるからだ。

こうしてみると、個人レベルでは好ましくないとされる不安ではあるが、組織レベルでは重要な役割を果たしていることがわかる。あらためて、個人の幸せが、組織の恩恵とは必ずしも一致しないことを再確認する。

もうポジティブになろうと自らを追い込まなくてよいし、ネガティブなことによるいい効果があることを認識しようではないか。こうした意識の変化が、私たちの生活を過ごしやすいものにするだけでなく、本当に活力のある社会につなげていくのではないかと思っている。

働きやすい環境はどのように作られるのか

第一章でも触れたように一九七〇~八〇年代の効率賃金仮説では、金銭的な見返り（ボーナスのようにお金を支給すること）によって労働誘因を引き出すことを念頭においていたが、近年では非金銭的な要因（上司との関係や幸せに働くこと）に目が向けられるようになった。本書では、そうした非金銭的要因のうち、幸福に焦点を絞って議論してきたが、経済学では「相互性」という形でより包括的に議論することも多い。

たとえば、東・東南アジアにある日系企業（製造業）の工場で働く現地従業員を対象にした研究によると、一生懸命働いてもらうためには、職場の人間関係が一番大事で、仕事の満足度が次に重要な要因であるという結果が出ている。一方、公平な取り扱いを感じられないとさぼる傾向があるが、公平に扱われていても一生懸命働くわけではなかった。

業績を向上させるにしても、従業員により一層働いてもらうのか、それとも、無駄をなくすように働いてもらうか。いずれを目標とするかによって、労務管理上の戦略が異なることになるわけだ。

それだけではない。第一章では、従業員にクビをちらつかせて働かせる怠業モデル、高い給与をくれる経営陣への感謝として一生懸命に働く贈与交換モデル、金銭への見返りではなく、親切な上司などに報いるために働く相互性モデルを紹介したが、現場の労働誘因をうまく説明するモデルも状況によって変わる。

通常の職場であれば、贈与交換モデルと相互性モデルは、努力を引き出すには有効だが、怠業モデルはそうでない。一方、クビにビクビクしているような職場では、心に訴えかける贈与交換モデルと相互性モデルはうまく機能しない。従業員の心に余裕がなく、経営陣を信頼できないときには、感謝の気持ちが生じにくいのも納得がいく。

従業員を取り巻く環境によって、最適な労務管理戦略は変わることがわかる。こうした示唆は、職場環境だけでなく、国家間の違いにも当てはまる。たとえば、国内総生産の水準が高い国の従業員のほうが、非金銭的な要因を重視するという研究がある。生活水準が上がるにつれて、生活の糧を得るために必要不可欠なことから、人間らしく働きたいという具合に、仕事の意味合いが変わるからではないかと考えられている。このため、日本のような国における労務管理では、非金銭的な要因の重要性が高いだろう。つまり、お金をちらつかせて働かせるよりも、信頼関係のもとに働ける環境のほうが、勤労意欲を促すということだ。

リーダーは「ポジティブな人」である必要はない

では、どうしたら信頼関係があるような職場環境になるのか。本書では、リーダーシップ論の観点から議論してきた。幸福研究では、ポジティブな感情表現（幸せ）をするリーダーとネガティブな感情表現（怒りや悲しみ）をするリーダーのいずれが、部下に対する効果的な接しかたであるかを考察することで、いくつかの知見を得ている。

一般的に、ポジティブな感情表現をするリーダーのほうが優秀だと思われているが、本当に成果を出すリーダーは、ネガティブな感情表現をするリーダーであることが多々ある。ネガティブなリーダーもそれほど悪くなく、むしろ過小評価されているのである。

リーダーの感情表現が部下に与える影響を分析した初期の研究において、見解が一致しなかったのも当然だ。ポジティブなリーダーがいいのか、ネガティブなリーダーがいいのかは、状況によって異なる。

では私たちは望ましいリーダー像をどのように考えればいいのだろう。それは、部下の特性による。eリーダーシップに着目して、成果を上げるリーダーを見てみると、次のようなことがわかっている。

ポジティブな（幸せそうな）リーダーが効果的であるのは、①「部下が創造的なパフォーマンスを行うとき」、②「部下の協調性が高いとき」、③「部下の認識的動機（状況を認識しようとする欲求）が感情的な反応よりも弱いとき」だ。

一方、ネガティブな感情はさらに細分化される。悲しそうなリーダーが効果的であるのは、「部下が分析的なパフォーマンスを行うとき」。そして、怒っているリーダーが効果的であるのは、「部下の協調性が低いとき」と、「部下の認識的動機が感情的な反応よりも強いとき」であるとされている。

平たく言えば、リーダーと部下は相性が大事ということだ。たとえば、協調性の高い部下は、他人に礼儀正しく接し、競争よりも協調を好むため、上司にも同様の取り扱いを期待する。このため、敵対や論争と関係する怒りを表す上司とは相性が悪く、信頼関係を築くことが難しい。上司は作業内容の性質だけでなく、部下の特性を見極めたうえで、接しかたを調整する必要がある。

「小グループ化」で効果的な組織運営

そうしたことを考慮したときに有効なのが、大きな組織の小グループ化だ。たとえばあなたが、大きな部門を統括するリーダーであれば、部下たちを小グループに編成してグループごとにリーダーを指名する。そうして、それぞれのリーダーたちにより、きめの細かい対応が行われれば各々の力を発揮できる環境が整う。

二〇二〇年を振り返ってみると、コロナ禍の影響で、ビジネスにおけるチャット(Slack/LINE WORKS/Microsoft Teamsなど)やオンライン・ミーティング(Zoom/Webex Meetings/Google Meetなど)の利用が進んだ。今後は、物理的に出社することなく、在宅で勤務する機会が増すだろうが、それに伴い従来の対面型リーダーシップがうまく機能しない場面も増えるはずだ。

たとえば、オンライン会議ではいまだに、数十人を相手にダラダラとお経のような議事進行をするところもある。それよりも小グループを編成して、各グループのタスクに議論を絞りながら、その作業内容やメンバーの特性に即した抑揚のある議事進行をしたほうが効果的だろう。いずれにしても、いままでのリーダーシップ論がそのまま通用しないことだけは確かだ。

eリーダーシップ分野における研究成果は、これからの働きかたを考えるうえでおおいに参考になる。二〇二〇年の就職活動ではオンラインの選考方法が取り入れられており、在宅での新人研修が一般化していることから、入社当初からオンラインで知らない人と働き始めることもあるだろう。

こうしたなかで、上司としてリーダーシップを発揮するためには、作業内容やグループ内の部下の性質を見極めて、オンラインならではの対応が迫られる。スクリーンを通じてのコミュニケーションでは、お互いに得られる情報が限られてくる。そのため、テレワークが一般的になればなるほど、上司による感情表現の重要性が増してくるだろう。

熱血指導は満足度が低下する

ネガティブな指導者が活躍するのはビジネスだけではない。教育現場でも同じだ。たとえば、女子大生による暗記中心の学習では、怒っている先生の指導のほうが、幸せそうな先生よりもテストの成績がいい。とくに、悪い結果に対して罰則を与えるのではなく、よい結果に褒賞を与える場合に、こうした傾向が顕著になる。

残念なことに、こうした事実はあまり知られておらず、一般的に、ポジティブな先生への信頼は厚い。学生による評価でも、怒っている先生は無能で、にこやかで熱心に指導する先生のほうが有能だと思われている。実際の学習効果とは真逆であり、皮肉な結果である。

もちろん、ポジティブな先生の効能を否定するわけではない。ただ、それは特殊な場合に限定される。たとえば、設備などの学習支援が十分でない公立学校（いわゆる非進学校）では、人生の満足度が高い先生ほど、生徒の学習習熟度は高い。幸せな先生は精力的に取り組み、生徒が引きつけられるからだ。イメージとしては『3年B組金八先生』や『スクール☆ウォーズ』『ごくせん』のような学園ドラマを思い出してほしい。クセのある生徒を熱血教師が指導して更生させる、という筋書きはあながち間違ってはいないのである。

ただし、学習成果を上げるためには、先生はたいへん消耗する（人生の満足度が低下することがデータで示されている。教育現場の疲弊は、最近の日本メディアで取り上げられることも多い（「学校現場の疲弊を防ぐには」「日本経済新聞」二〇一七年九月二七日）が、ある意味、身を削って成果を出しているわけだ。ドラマに出てくるような教師たちも、プライベートでは不幸せなんてこともありえなくはない。

また、教育効果の観点からは、先生の特性はそれほど重要ではなく、むしろ家庭環境や教授法のほうが重要だと言われている。このため、学習効果を期待して、福利厚生を充実することで先生を幸せにすればよいわけではない。ましてや、心理テストで幸せな先生をリクルートして、すり減るまで働いてもらおうなどというのは論外だ。

総合して考えると、ドラマのように先生の情熱に依存する教育は、お勧めとは言えない。むしろ、生徒の好奇心を掻《か》き立てるような教授法の開発や先生のコミュニケーション能力の訓練などによって、先生に対する技術的なサポートをするほうが、先生の幸福度的にも、成績を気にする学校にとってもよいだろう。ドラマは美しく、現実はドライだ。

感情のステレオタイプに囚《とら》われない働きかた

こうして本書の内容を振り返ってみると、ネガティブな人が、思っていたより組織で重要な役割を担っていることがわかっていただけたのではないか。ネガティブな感情や思考のなかでも、不安はリスクの回避、怒りは交渉の有利化と関連している。一方で、ポジティブな感情や思考は幅広い効果を念頭においているが、とりわけ生産性の向上が期待されている。また、ネガティブもポジティブも受け入れるマインドフルネスでは、疲弊の緩和や集中力の向上といったストレスに関連する効能が見られる。結局、どういった要素に焦点を当てるかによって、効果的なアプローチが違う。それぞれによさがあるわけだ。

リーダーシップについても同じことが言える。ポジティブな感情表現をするほうがよい場合もあれば、ネガティブな感情表現のほうが、フォロアーが活躍する場合もある。どちらが効果的かは、部下の作業内容（創造的か分析的か）や協調性や認識的動機の程度によって変わる。そして、一般の評価とは違って、ネガティブなリーダーは組織にとっては成果を出す貴重な存在だ。

もちろん、従業員を幸せ（ポジティブ）にすることで組織に恩恵があることを否定するつもりはない。ただ組織体系や企業文化を変えるときには、膨大な費用と時間がかかる。従業員を幸せにすることで、従業員と組織の両方がウィン・ウィンとなるケースはかなり限られているのである。

結局のところ、幸福研究から組織を考えてわかったことは、組織を念頭において私たちを強引に幸せへ矯正する必要はないということだ。私たちはみんな違う。それを前提に、それぞれの特性を活かしながら、組織でその役目を果たしている。

多様性を許容する働きかたは生物のことわりではないだろうか。進化生物学者の長谷川英祐氏らによれば、アリのコロニーには働かないアリが二割程度いるが、こうしたアリは組織が存続するために貢献しているという（「プレジデントオンライン」二〇一六年六月二二日）。働かないアリは個体差の表れであり、仕事に対して腰が重く、他者と違うタイミングで働き始めるそうだ。しかし、みんなが同質で一斉に働くよりも、いろいろな働きかたをする組織のほうが安定して仕事が処理される。一斉に働くと、疲れて仕事が止まるのも一斉に起こるからだ。

私たちが働く場においても、こうした多様性の効能がきちんと認識され、評価されるようになれば、よりよい社会になっていくだろう。そして、その延長線上に、自然とウィン（個人）・ウィン（組織）となるような時代が来るのでないか。そんな期待を私はしている。

作業など	実験参加者	結果
1人作業	大学生	一時的に気分が上がると、ホワイトカラー系作業の生産性が上がる
1人作業	大学生	不幸な経験をした人は、ホワイトカラー系作業の生産性が下がる
1人作業	コールセンターのオペレター（21歳から35歳）	幸せな従業員ほど仕事の効率がよく、販売数が多い
—	企業調査（農業、漁業、鉱業以外のすべての業種）による従業員の回答	仕事の満足度が高い従業員が多い職場ほど、パフォーマンスがよい
—	製造業の工場勤務の従業員	満足度が高い工場施設ほど、生産性が高い
—	製造業とサービス業の従業員	仕事の満足度は生産性と無関係
企業単位	アメリカの企業	優良な企業のほうが株式収益率が高い
—	大企業のマネージャー	全体的な幸福度が高い（低い）と、仕事の満足度と転職の関係性は弱い（強い）
—	初心者の先生（約8割女性）	人生の満足度が高く、やり抜く力の強い先生ほど、教育効果は高い（ただし効果は微小）

作業など	実験参加者	結果
—	大企業のデザイン・技術開発部門	仕事が正当に評価され、自分の感情を認識できるときには、ネガティブな気分は創造性を向上
—	大学生	怒っているほうが交渉に有利
—	大学生	最初から怒っているより、途中から怒り出すほうが交渉に有利
—	大学生	怒っていると一時的に創造的になる
4人グループ	大学生	ネガティブな気分の人は、組織の存続が危ぶまれるとき、協調的に行動する傾向

各章で紹介した研究のポイント

第一章　幸せ（ポジティブ）な従業員は業績を上げるのか

幸せの尺度など	実験介入など	介入・実施期間	企業への影響	影響の測定方法
主観的幸福度	コメディー動画やおやつ	10分間	生産性	計算問題
主観的幸福度	親族の悲劇	最近	低い生産性	計算問題
主観的幸福度	—	6か月間（毎週）	生産性	販売数
仕事の満足度	—	2004年と2011年	職場のパフォーマンス（生産性、サービスや製品の質）	マネージャーによる評価
仕事の満足度	—	1996年から2001年	労働生産性	労働時間あたりの付加価値
仕事の満足度	—	1996年から2001年	生産性	従業員あたりの売上高
仕事の満足度	職場の品質の指標（優良な100企業）	1984年から2011年	企業価値	株式収益率
主観的幸福度と仕事の満足度	—	2年後の転職	転職	—
人生の満足度	—	1年後の学習習熟度	教育効果	学習習熟度

第二章　不幸せ（ネガティブ）な従業員こそ重要だ

幸せの尺度など	実験介入など	介入・実施期間	企業への影響	影響の測定方法
ネガティブな気分	—	先週1週間の仕事中の気分	創造性	上司による評価
怒り	—	—	交渉	携帯電話のオンライン販売（仮想）
怒り	—	—	交渉	携帯電話のオンライン販売（仮想）
怒り	怒りの体験エッセイを書く	—	創造性	評価者による判定
ネガティブな気分	短い動画	—	協調性	タクシー会社の運転時間（仮想）

4人グループ	大学生	不安な人は、組織の存続が危ぶまれるとき、協調的に行動する傾向
個人競技と団体競技	アスリート	怒りでパフォーマンスが向上する可能性
1人作業	大学生	暗記学習では、怒っている先生の教育効果が高い
1人作業	大学生	促進焦点では、怒っている先生の教育効果が高い
—	証券会社の管理職	認知能力が高い人は、心配性であるほど、管理職としてのパフォーマンスが良好

作業など	実験参加者	結果
事務	人事部の女性管理職	マインドフルネスで、集中力や記憶力が向上＋落ち込んだ気分やイライラが緩和
—	チェーンレストラン従業員	マインドフルネスな従業員ほど業績がよく、離職意向が低い
—	いろいろな職種	マインドフルネスの訓練で、仕事の満足度が上昇し、感情的消耗感が減少
—	海兵隊員	マインドフルネスの訓練で、ストレスからの回復が促進される
—	医師	マインドフルネスの訓練で、燃え尽き症候群を改善する可能性
—	保険会社の従業員	ヨガやマインドフルネスの訓練により、ストレスが減り、睡眠の質や自律神経のバランスが改善
—	いろいろな業種の管理職とその部下	マインドフルな上司だと、部下の業績が高く、感情的疲弊度は低い

作業など	実験参加者	結果
1人作業	旅行会社のコールセンター	在宅勤務で、①企業業績がアップ、②離職を抑制、③従業員のパフォーマンスが向上
4人グループ	大学生	協調性の高い（低い）部下のグループでは、上司が幸せな（怒りの）感情を示した方が成果を発揮
1人作業	大学生	幸せ（悲し）そうな上司の元では、部下の創造（分析）的なパフォーマンスが向上
4人グループ	大学院生	怒った（幸せな）リーダーの方が、認識動機の高い（低い）グループのパフォーマンスがよい

不安	不十分な実験の説明	—	協調性	タクシー会社の運転時間（仮想）
怒り	—	—	パフォーマンス	選手の主観
怒り	先生の接し方	—	パフォーマンス	テスト結果
怒り	先生の接し方	—	パフォーマンス	テスト効果
不安	—	—	パフォーマンス	管理職としての評価

第三章　マインドフルな従業員

幸せの尺度など	実験介入など	介入・実施期間	企業への影響	影響の測定方法
マインドフルネス	集中瞑想が中心	8週間	パフォーマンス	マルチタスク
マインドフルネス	—	—	業績と離職	—
マインドフルネス	ボディースキャンなど	10日間	感情的消耗感と仕事の満足度	—
マインドフルネス	MMFT	8週間	ストレス	心拍数、呼吸数、脳の反応
マインドフルネス	瞑想を含むプログラム	8週間＋10か月のメンテ	燃え尽き症候群	—
マインドフルネス	ヨガ、マインドフルネスの訓練	12週間	ストレス	ストレスの知覚、睡眠の質、自律神経のバランス
マインドフルネス	—	—	部下の業績と疲弊度	上司による成績評価

第四章　テレワーク時代の幸福な働きかた

幸せの尺度など	実験介入など	介入・実施期間	企業への影響	影響の測定方法
ワーク・ライフ・バランス	在宅勤務	9か月	企業業績、離職、パフォーマンス	電話応答数など
幸せ・怒り (e-leadership)	指導者の態度	—	パフォーマンス	シミュレーションの得点
幸せ・悲しみ・中立 (e-leadership)	指導者の態度	—	パフォーマンス	創造的・分析的作業
幸せ・怒り (e-leadership)	指導者の態度	—	パフォーマンス	シミュレーションの得点

おわりに

本書の執筆は、「個人の幸せ＝組織の幸せ」という図式が本当なのかと疑問に思ったのがきっかけだ。そして、職業柄、どのような科学的根拠に基づいた主張だろうかと調べてみると、意外にそのような根拠はないことがわかった。むしろ、そうした見解とは逆に、幸せでない人、ネガティブな人が組織の役に立つ場面がいくつもある。想像もしなかったろうが、組織の窮地を救うのはネガティブな人かもしれない。「幸福万歳！」という単純な話ではないわけだ。現実は複雑なものだから、当然といえば当然の結果である。

この結果は、個人的にはしっくりきた。個人の幸せを考えるときに、組織の一員としての私という観点から考えるのではなく、組織に属する私はいろいろな私の一面に過ぎないと思っているからだ。このように考えるのも、アメリカに長く暮らしたことが影響しているのかもしれない。

幸福研究の観点から組織論を考えようと思ったのにも、アメリカ暮らしの影響がある。アメリカでの人事評価はストレートに金銭面に反映される。スポーツ選手のように給与交渉をし、いい評価の人ほど給与が高い。すべてがお金に還元される価値観に、渡米当初は戸惑ったものだが、わかりやすいし、それも悪くないと思うようになった。このため、日本に戻ってきた当初は、逆に、日本の人事評価にたいへんフラストレーションを覚えた。いわゆる年功序列で、業績に関係なく給与は一律に決まる。不公平だと不満を感じた時期もあった。しかし、年を重ねるにつれ、価値観の揺り戻しを経験し、お金以外の側面の重要性にも目が行くようになった。

時を同じくして、経済学も大きな転換を経験した。金銭的な誘因を中心とした伝統的な経済学から、心理的な要素を導入した行動経済学に注目が移った。なかでも、幸福に焦点を当てた研究は、実生活で両極端の価値観（金銭的vs.非金銭的）に揺さぶられていた私の興味をひいた。もともと、多国籍企業で働く外国人の働きかたを研究していた私は、こうした偶然も重なって、幸福研究の観点から組織論を研究するようになった。

本書は幸福学から考えた組織論についての大学の講義用の資料をまとめたものだが、私の執筆スタイルには特徴がある。その一つが原典の内容を紹介することだ。人によっては、くどい（結論だけわかればいい）と感じられるようだが、あえてそうしている。これは、ちょっとした抵抗感からだ。

最近、「エビデンスに基づいた○○（政策とか人事管理とか）」が流行っているが、メディアで流布する単純化された結論は、拡大解釈されている場合もあり、その論拠は心もとないことが結構ある。書籍などでも多くの学術論文を巻末に羅列してエビデンスを売りにしているが、著者がそれらの論文をきちんと読んでいるのか疑問に思うこともしばしばだ。

そのため、私自身はできるだけ原典にあたるように心がけているが、学術論文を読んでいていつも思うのは、多くの論点が、世間一般で信じられているほど科学的に証明されていないということだ。たとえば、従業員が幸せになれば生産性が向上するなんて当然だと思われるかもしれない。しかし、必ずしもそうではなく、その有効性は限定的だ。

そこで、本書では、それぞれの結論がどのようにして導かれたかがわかるように、実験や分析の簡単な説明をしている。フェイクニュースに見られるように、あふれかえる情報の真偽は、各自で判断することが求められる時代だ。原典の情報に触れると、巷で流布している情報が、意外と単純な実験に基づいていて、驚くところもあるだろう。各節の最後には、それぞれの研究の問題点や未解決項目を合わせて記述してあるので、各自の判断の参考にしてほしい。

もちろん、そうしたことを気にしなくても構わない。本の読みかたは人それぞれだ。概要だけに興味がある場合には、各節の前半を読めば、だいたいわかるようになっている。

本の読みかたに限らず、組織の在りかたは、こうあるべきとか、こうすべきとかいうものではない。学術研究が示唆するのは、こういうときにはこうしたらよい、といった具合に、IF～（もし～なら）、THEN～（～である）という提案に過ぎない。

たとえば、怒っている（ネガティブな）上司は、部下から成果を引き出すのがうまい。そして、IF～、THEN～は細分化される。怒るのが有効なときは、部下の協調性が低く、感情的に反応するよりも理性的に上司の表情から状況を察知しようとする場合だが、部下が協調的で、創造性が求められる作業では、幸せそう（ポジティブ）な表情を浮かべる上司が効果的だ、といった具合にどんどん細分化されていく。

そんなに細かいことを言われても、実際にどうしたらよいのかわからないと戸惑われるかもしれない。ただ、私は楽観的で、現実では多様性がうまく機能してくれるので、個人がそれほど神経質になる必要はないと思っている。たとえば、大企業にはいろいろな（ポジティブとネガティブの両方の）人材がいるので、状況ごとに活躍する人が違ってくる。零細企業ではそうはいかないと言われるかもしれないが、業種（いくつかの零細企業の集まり）で見れば、多様性が担保されているだろう。

結局、ネガティブに分類されるものがすべて悪いわけではなく、ポジティブに分類されるからといってすべてよいとも限らない。そういう意識を大事にしながら、これまでの研究で示唆された知見を、無理のない形で活用していけばよいだろう。「○○すべきである」といった唯一の正解はない。状況に合わせて、柔軟に考えるのが望ましい。

最後になるが、本書が読みやすくなるように、多くのコメントをいただいた編集部の吉田隆之介さんに、厚くお礼を申し上げる。これまでとは違ったアプローチをする編集者であり、中立な語りに努める（判断を読者にゆだねる）傾向がある原稿に、もっと自分の主張を打ち出すよう私の背中を押してくれた。また、人生の三分の一を過ごし、いろいろな経験を積ませてくれたアメリカやそこで出会った人々に、心から感謝の意を表したい。成人するまで日本から出たことがなく、一つの正解ばかり求めていた自分に、世の中にはいろいろな考えかたがあって、それを受け入れる寛容さや柔軟性が大切だということに気づかせてくれた。個人の幸せだけでなく、組織や国家の在りかたを考えるうえでも大事なことだと思っている。

友原章典

二〇二一年一一月

引用文献（登場順）

第１章

Shapiro, C. and J.E. Stiglitz, 1984, Equilibrium unemployment as a worker discipline device, *The American Economic Review* 74(3), 433–444.

Akerlof, G.A., 1982, Labor contracts as partial gift exchange, *The Quarterly Journal of Economics* 97(4), 543–569.

Fehr, E., S. Gächter, and G. Kirchsteiger, 1997, Reciprocity as a contract enforcement device: Experimental evidence, *Econometrica* 65(4), 833–860.

Oswald, A.J., E. Proto, and D. Sgroi, 2015, Happiness and productivity, *Journal of Labor Economics* 33(4), 789-822.

Bellet, C.S., J.-E. De Neve, and G. Ward, 2019, Does employee happiness have an impact on productivity? *Saïd Business School Working Paper* 2019-13.

Iaffaldano, M.T. and P.M. Muchinsky, 1985, Job satisfaction and job performance: A meta-analysis, *Psychological Bulletin* 97(2), 251–273.

Judge, T.A., et al., 2001, The job satisfaction–job performance relationship: A qualitative and quantitative review, *Psychological Bulletin* 127(3), 376–407.

Bryson, A., J. Forth, and L. Stokes, 2017, Does employees' subjective well-being affect workplace performance? *Human Relations* 70(8), 1017-1037.

Böckerman, P. and P. Ilmakunnas, 2012, The Job satisfaction-productivity nexus: A study using matched survey and register data, *ILR Review* 65(2), 244-262.

Edmans, A., 2012, The link between job satisfaction and firm value, with implications for corporate social responsibility, *Academy of Management Perspectives* 26(4), 1-19.

Wright, T.A. and D.G. Bonett, 2007, Job satisfaction and psychological well-being as nonadditive predictors of workplace turnover, *Journal of Management* 33(2), 141-160.

Wright, T.A., R. Cropanzano, and D.G. Bonett, 2007, The moderating role of employee positive well being on the relation between job satisfaction and job performance, *Journal of Occupational Health Psychology* 12(2), 93–104.

Duckworth, A.L., P.D. Quinn, and M.E.P. Seligman, 2009, Positive predictors of teacher effectiveness, *The Journal of Positive Psychology: Dedicated to furthering research and promoting good practice* 4(6), 540-547.

第11章

George, J.M. and J. Zhou, 2002, Understanding when bad moods foster creativity and good ones don't: The role of context and clarity of feelings, *Journal of Applied Psychology* 87(4), 687–697.

Van Kleef, G.A., C.K.W. De Dreu, and A.S.R. Manstead, 2004, The interpersonal effects of anger and happiness in negotiations, *Journal of Personality and Social Psychology* 86(1), 57–76.

Van Kleef, G.A. and S. Côté, 2007, Expressing anger in conflict: When it helps and when it hurts, *Journal of Applied Psychology* 92(6), 1557–1569.

Filipowicz, A., S. Barsade, and S. Melwani, 2011, Understanding emotional transitions: The interpersonal consequences of changing emotions in negotiations. *Journal of Personality and Social Psychology, 101* (3), 541–556.

Baas, M., C.K.W. De Dreu, and B.A. Nijstad, 2011, Creative production by angry people peaks early on, decreases over time, and is relatively unstructured, *Journal of Experimental Social Psychology* 47(6), 1107-1115.

Hertel, G., et al., 2000, Mood effects on cooperation in small groups: Does positive mood simply lead to more cooperation? *Cognition and Emotion* 14(4), 441-472.

Robazza, C., M. Bertollo, and L. Bortoli, 2006, Frequency and direction of competitive anger in contact sports, *Journal of Sports Medicine and Physical Fitness* 46(3), 501-508.

Van Doorn, E.A., G.A. van Kleef, and J. van der Pligt, 2014, How Instructors' emotional expressions shape students' learning performance: The roles of anger, happiness, and regulatory focus, *Journal of Experimental Psychology: General* 143(3), 980–984.

Perkins, A.M. and P.J. Corr, 2005, Can worriers be winners? The association between worrying and job performance, *Personality and Individual Differences* 38(1), 25–31.

第三章

ジョン・カバットジン著、春木豊訳『マインドフルネスストレス低減法』北大路書房、二〇〇七年

ジンデル・シーガル、マーク・ウィリアムズ、ジョン・ティーズデール著、越川房子監訳『マインドフルネス認知療法　うつを予防する新しいアプローチ』北大路書房、二〇〇七年

http://www.mbct.com/

https://elizabeth-stanley.com/courses/research-about-mmft/

友原章典『実践　幸福学　科学はいかに「幸せ」を証明するか』ＮＨＫ出版新書、二〇二〇年、一五四～一六一、一七二～一七四頁

Levy, D.M., et al., 2012, The effects of mindfulness meditation training on multitasking in a high-stress information environment, *Proceedings of Graphics Interface 2012*, 45-52.

Dane, E. and B.J. Brummel, 2013, Examining workplace mindfulness and its relations to job performance and turnover intention, *Human Relations* 67(1), 105–128.

Hülsheger, U.R., et al., 2013, Benefits of mindfulness at work: The role of mindfulness in emotion regulation, emotional exhaustion, and job satisfaction, *Journal of Applied Psychology* 98(2):310-325.

Johnson, D.C., et al., 2014, Modifying resilience mechanisms in at-risk individuals: A controlled study of mindfulness training in Marines preparing for deployment, *American Journal of Psychiatry* 171(8), 844-853.

Krasner, M.S., et al., 2009, Association of an educational program in mindful communication with burnout, empathy, and attitudes among primary care physicians, *Journal of the American Medical Association* 302(12), 1284-1293.

Wolever, R.Q., et al., 2012, Effective and viable mind-body stress reduction in the workplace: A randomized controlled trial, *Journal of Occupational Health Psychology* 17(2), 246–258.

Reb, J., J. Narayanan, and S. Chaturvedi, 2014, Leading mindfully: Two studies of the influence of supervisor trait mindfulness on employee well-being and performance, *Mindfulness* 5(1), 36-45.

第四章

Bloom, N., et al., 2015, Does working from home work? Evidence from a Chinese experiment, *The Quarterly Journal of Economics* 130(1), 165-218.

OECD, 2013, *OECD Guidelines on measuring subjective well-being*, Paris: OECD Publishing, p.29.

Harter, J.K., F.L. Schmidt, and T.L. Hayes, 2002, Business-unit-level relationship between employee satisfaction, employee engagement, and business outcomes: A meta-analysis, *Journal of Applied Psychology* 87(2), 268-279.

Tenney, E.R., J.M. Poole, and E. Diener, 2016, Does positivity enhance work performance?: Why, when, and what we don't know, *Research in Organizational Behavior* 36, 27-46.

Van Kleef, G.A., et al., 2010, On angry leaders and agreeable followers: How leaders' emotions and followers' personalities shape motivation and team performance, *Psychological Science* 21(12), 1827-1834.

Visser, V.A., et al., 2013, How leader displays of happiness and sadness influence follower performance: Emotional contagion and creative versus analytical performance, *The Leadership Quarterly* 24, 172-188.

Van Kleef, G.A., et al., 2009, Searing sentiment or cold calculation? The effects of leader emotional displays on team performance depend on follower epistemic motivation, *Academy of Management Journal* 52(3), 562-580.

第五章

Tomohara, A. and A. Ohno, 2016, Domains of reciprocity beyond monetary compensation: How do non-pecuniary factors affect effort and shirking? *Cogent Economics & Finance* 4(1).

Tomohara, A. and A. Ohno, 2013, What are relevant work incentive models? Shirking model, gift exchange model, or reciprocity model, *Journal of Labor Research* 34, 241–252.

Tomohara, A. and A. Ohno, 2014, Valuing non-pecuniary instruments of human resource management, *International Review of Economics* 61(1), 1–11.

友原章典（ともはら　あきのり）

青山学院大学国際政治経済学部教授。一九六九年東京都生まれ。二〇〇二年ジョンズ・ホプキンス大学大学院Ph.D.（経済学）取得。米州開発銀行、世界銀行コンサルタントを経験。ニューヨーク市立大学大学院助教授、ピッツバーグ大学大学院客員助教授、カリフォルニア大学ロサンゼルス校経営大学院エコノミストなどを経て現職。著書に『実践　幸福学』（NHK出版新書）、『移民の経済学』（中公新書）など。

会社《かいしゃ》ではネガティブな人《ひと》を活《い》かしなさい

二〇二一年一二月二二日　第一刷発行

集英社新書一〇九六A

著者……友《とも》原《はら》章《あき》典《のり》

発行者……樋口尚也

発行所……株式会社集英社

東京都千代田区一ツ橋二-五-一〇　郵便番号一〇一-八〇五〇

電話　〇三-三二三〇-六三九一（編集部）

〇三-三二三〇-六〇八〇（読者係）

〇三-三二三〇-六三九三（販売部）書店専用

装幀……原　研哉

印刷所……大日本印刷株式会社　凸版印刷株式会社

製本所……株式会社ブックアート

定価はカバーに表示してあります。

ISBN 978-4-08-721196-2 C0233

Printed in Japan

a pilot of wisdom